U0905380

[总23辑 2009年12月出版]

王东京／主编

中国青年出版社

（京）新登字083号

图书在版编目（CIP）数据

中国经济观察.总23辑/王东京主编. —北京：中国青年出版社，2009.12
ISBN 978-7-5006-9104-4
Ⅰ.①中… Ⅱ.①王… Ⅲ.①经济-中国-文集 Ⅳ.①F12-53

中国版本图书馆CIP数据核字（2009）第225142号

中国经济观察　总23辑

主　　编 王东京
责任编辑 方小玉
出版发行 中国青年出版社
社　　址 北京东四12条21号
邮政编码 100708
网　　址 www. cyp. com. cn
编辑部电话 (010) 84046485
门市部电话 (010) 84039659
经　　销 新华书店
印　　刷 聚鑫印刷有限责任公司
开　　本 700×1000　1/16
印　　张 11.5
字　　数 138千字
版　　次 2010年1月北京第1版
印　　次 2010年1月河北第1次印刷
印　　数 1-8000册
定　　价 25.00元

目　录 Contents

Contents

Hot Issues in Focus

Exploration and Contention

Reform and Development

Finance Observation

Remarks

Research Report of Fieldwork

HOT ISSUES IN FOCUS

金融“再平衡”与中国经济前景

2010年中国经济五大看点

金融“再平衡”与中国经济前景

巴曙松

从“大萧条”以来的百年金融史看今天的全球性金融危机，这次“大危机”也是原有的全球经济和金融平衡被打破的产物。因此，危机本身具有两面性，它既意味着旧的平衡格局难以为继，也预示着新的平衡格局会不断形成，而目前全球经济复苏进程的反复与动荡则说明了市场正在试图寻找新的平衡点。对于美国等西方发达国家而言，表现为“过度消费”的经济模式不可持续，新的平衡要求储蓄率必须提高，而消费则必须降低；对于中国等新兴市场经济体而言，表现为“过度投资”和“出口导向”的经济模式也需要进行相应调整，寻找新的经济平衡点。

一、新的平衡格局是否正在形成

从目前的趋势看，无论是美国还是中国及至全球的经济增长格局依然呈现出较大的惯性。从美国的角度讲，虽然银行、企业和居民的杠杆率有所降低，但是美国政府的杠杆率却大幅上升，美联储的资产负债表也在不断膨胀。这表明民间的部分杠杆率转移到了政府那里，总体的去杠杆化进程并不令人乐观；从中国的增长格局看，虽然经过前所未有的强

作者系中国国务院发展研究中心金融研究所副所长、研究员。

有力政策刺激,中国终于成为第一个从全球“大衰退”中走出的经济体,但是从推动经济增长的动力看,政府投资推动仍然主导着复苏的进程,而且从总体复苏的强度判断来看,出口复苏仍然被给予相当大的权重。

因此,在全球新的平衡格局短期内难以形成的情况下,探讨中国经济的可持续复苏就必须回答以下两个层面的问题。

首先,从国内层面的“再平衡”过程来看:第一,本轮由政府主导的经济复苏能否顺利转化为市场主导的可持续复苏,从而避免风险极大的经济“二次探底”出现,即避免“W”形复苏?第二,更进一步,以积极的财政政策和宽松的货币政策为代表的“再杠杆化”政策可否持续?如果可以,该如何持续?

其次,从全球层面的“再平衡”过程来看:第一,随着全球经济的企稳复苏,中国的出口复苏迹象也日益明显,国际资本流入也会不断增加,据此中国将再度重现国际收支“双顺差”格局,那么在未来的复苏之旅中,中国的国际收支失衡该如何调节?第二,如果把国际收支余额看做是国内高储蓄的国外延伸,那么如何把中国的储蓄率调整置身于中美之间的储蓄失衡调整,甚至全球储蓄失衡调整的更大背景中?

二、从两大政策“再平衡”看中国的可持续复苏

(一)政府财政支出模式“再平衡”:避免经济出现“二次探底”

给定中国政府的高储蓄率、低杠杆率及健康的财政收支情况这些积极的约束条件,可以看出:当前的复苏进程由政府投资主导有内在的合理性,这与中国依然处于工业化城市化的关键阶段、客观上需要较高的投资支持相关,不能简单与发达国家的投资水平类比;在中国从外需占据主导地位的增长格局转向内需主导的格局过程中,消费会保持较快增长,但是投资依然会占据主导地位。从直接的原因看,近年来,中国政府的可支配收入占GDP的比重一直持续上升,远远超过居民可支配

收入的增长速度,这使得政府的财政支持能力增强,财政收支状况十分健康。2008 年的财政赤字占 GDP 的比重仅为 0.4%,加上 2008 年年底以来实施的 4 万亿元财政刺激支出计划的支出规模,预计 2009 年的财政赤字占 GDP 的比重也仅在 3%~4%。同时 2008 年中国政府的未清偿债务占 GDP 的比重尚不足 20%, 远远低于经合组织国家的 80%的平均水平。从最新统计数据看,2009 年 9 月份全国财政收入同比增长 33%,连续五个月实现正增长,显示金融危机的冲击逐步缓解。由此可以推知,以扩张性财政政策带动的"再杠杆化"政策未来仍可持续一段较长时间。

因此,从大的背景看,中国从 2008 年 11 月份开始的第一轮政策刺激措施在及时启动了经济复苏的步伐之后,下一阶段的关键,将是把带动经济增长的主导力量从政府主导的需求,平稳过渡到市场主导的需求上来。这个转换是否可以顺利推进,直接决定了宏观经济是否会"二次探底"。总之,我们的基本判断是:在中国的实体经济确认走向可持续的复苏之前,扩张性的财政政策基调都不太可能出现根本性的转变,但是可以根据实际经济运行状况在现有的政策基调下进行必要的政策微调。

1.政府投资通过加速推进城市化进程、扩大基础设施建设带动内需,已经成为中国应对危机的一条重要政策线索之一

从较长期的时间尺度看, 中国经济目前正以 2009 年应对金融危机为契机,重新进入城市化的快速推进阶段。根据官方统计数据,2008 年中国的城市化率达到 45%左右,这一数字明显低于东亚发展中国家的平均水平,更低于本地区经济比较发达的日本和韩国,与美欧等国家的差距则更大。因此,未来 10~20 年,中国存在巨大的城市化空间,预计到 2025 年,中国城市人口将增至 9.26 亿人,到 2030 年有望达到 10亿人。[①]

① 麦肯锡全球研究院. 2008, 中国城市人口有望达到 10 亿. http://www.mckinsey.com/mgi/reports.

因此,不断扩张的城市规模客观上要求较高的投资率,特别是投资于基础设施,为城市化的加速推进服务。

本次金融危机以来,在4万亿元财政刺激计划的主导之下,中国的固定资产投资呈现较快的加速增长,增幅由2008年第四季度的23%上升到2009年第二季度的36%。然而与1997~1998年东南亚金融危机时,政府财政支出侧重于制造业不同,本次政府固定资产投资增长主要集中在基础设施上,这将明显助推中国的城市化进程,并为未来几年通过城市扩大内需提供重要切入点。此外,从经济理论上讲,基础设施类似于公共品或准公共品,它对经济增长的贡献不仅反映在它本身的商业价值,还在于它有助于改善其他部门的生产效率和盈利能力,因此具有明显的外部性,有利于促进全要素生产率的提高。

在未来十年左右的时间窗口里,政府的投资支出通过推动城市化来扩大内需,不但与推进城市化的方向相一致,而且与投资的结构调整方向以及经济增长结构的调整方向相一致,同时也会继续成为全球经济应对危机乃至走向复苏的重要支持力量和推动力量之一。

更为重要的是,为城市化而进行的基础设施投资不但不会带来产能过剩,而且还有助于改进政府的投资结构,使政府投资与结构调整的方向相一致。总之,尽管由政府财政政策主导的"再平衡"进程中可能也会存在一些效率问题,但是给定政府的高储蓄率,通过政府投资于基础设施所带来的巨大外部性,不仅会极大发挥应对危机的效果,同时也将会明显提高私人部门投资的效率与盈利能力,而且还能为中国未来的城市化进程服务。

2."再杠杆化"的财政政策应推动实现消费增长、促进区域结构平衡

为了进一步增加中国经济复苏的内生性与可持续性,未来财政政策的另一个任务可能会更为强调平衡经济增长。

首先,扩大居民消费在 GDP 中的份额,从而逐步实现消费主导型增长,并以此促进内需结构的"再平衡"。为此,财政政策可能会注重的内容包括:通过转移支付提高居民,特别是农村低收入家庭的可支配收入;完善社会保障体系,以降低居民的预防性储蓄,等等。事实上,从政府应对金融危机的举措中,已经可以看到,中国的政府财政支出正在出现这方面的积极转变。在政府 4 万亿元一揽子刺激方案中,农村民生工程和基础设施建设、医疗卫生等支出项目不仅直接有利于扩大居民消费,而且,政府还投入了大量的非投资性财政支出,尤其是投入大量资金用于改进社会福利(医疗、养老、社会保障等),这些非投资性支出会在长期内促进经济增长模式的转变,推动消费的增长。

其次,促进不同区域的增长格局更为均衡。从中国经济本轮复苏的趋势看,中西部地区复苏的势头快于东部发达地区。2008 年,中部和西部地区的实际 GDP 增长率均在十九年里首次超过东部地区,这对于缩小中国区域发展差距有着积极的意义。此外,从未来发展趋势看,中西部地区经济发展的空间和潜力都比东部要大。仅从城市化发展进程看,东部沿海地区集长三角、京津唐以及珠三角中国三大城市群,城市化率高达 60.5%,中西部地区则分别为 43.6%和 37.8%,未来提升空间较大。

3.进一步压缩过剩产能,提高政府储蓄的配置效率

虽然当前关于"过度投资"与"产能过剩"的判断存在较大分歧,但是从宏观政策的重点看,随着经济复苏逐步企稳之后,对于部分行业,尤其对制造业产能过剩的担忧也日益突出。因此,当前及未来一段时间,进一步压缩过剩产能仍将是政府财政政策的重点之一。大体来讲,压缩产能的方法无非有两点:第一,控制新增产能,政府的固定资产投资要紧密配合城市化进程,注重调节经济结构,避免进一步产生过剩;第二,压制低端产能。但是这种调整不能只靠主观的判断和计划的约

束,而应该主要依据市场供求关系。以钢铁为例,因为政府投资带动的主要是一些大型基础设施项目,这些基础设施项目所需要的钢材,往往是被视为中低端的钢铁厂生产的中低端的螺纹钢等,因此,这种产能过剩的调整,需要结合整个市场结构的变化和城市化的大背景。

(二)货币政策松紧度的"再平衡":预警性微调以灵活应对当前的通缩压力和未来可能的通胀预期

从目前趋势看,中国货币政策主基调短期内大幅调整的可能性不大,关键在于根据国际国内经济金融状况灵活微调货币政策的松紧度,即货币政策由事实上的反危机时期的过度宽松真正回归到中性的适度宽松方向上来。总体上说,中国所实施的宽松货币政策与主要发达国家有较大的差异,其中一个重要的特点在于中国的宽松货币政策是通过银行体系直接将信贷和流动性注入实体经济,推动实体经济的发展,这与发达国家主要注入危机四伏的银行业而实体经济的信贷状况并没有明显改善有根本的不同,这也使得中国的宽松货币政策退出难度要小于发达国家。当然,从全球范围看,当前全球中央银行都面临一个十分重要的课题也就是如何从当前异常宽松的货币政策中退出,因此,中国货币政策的选择不但要考虑中国宏观经济基本面,更要把它放到全球货币政策"再平衡"的大背景下。

1."危机应对型"货币政策为应对危机发挥了十分积极的作用,但是也为未来的退出提出了挑战

理论上,衡量货币政策松紧度的常用指标主要有两个。

首先是目标利率水平。从这个指标来看,目前中国的公开市场操作利率是0.9%,超额存款准备金率是0.25%,这个水平远远低于中国历史同期水平,而与世界主要经济体类似指标相比,中国的利率其实也不高,例如,美国联邦基金目标利率是0~0.25%,欧元区基准利率是1.0%,日本隔夜拆借目标利率是0.1%,因此,实际上全球主要央行都面

临着低利率条件下的货币政策选择问题。

其次是货币供应量(M_2、银行信贷)水平。如果用 M_2 货币供应量增长率与名义 GDP 增长率之间的差异来衡量中国当前宽松的货币政策，那么 2009 年中国的 M_2 货币供应增长率将为 28%左右，预计名义 GDP 增长率为 8%，那么 2009 年 M_2 增长率与 GDP 增长率的差额将超过 20%，这是有史以来的最高纪录。从当前的最新数据看，9 月份中国的 M_2 增长率从 8 月份的 28.5%提高至年同比 29.3%，创将近十五年来的最高水平。从银行贷款增速来看，2009 年 1~9 月份，银行新增贷款已经达到 8.7 万亿元，而预计 2009 年全年银行贷款总规模将超过 9 万亿元左右，这也是一个历史纪录。尽管学术界对高速信贷投放还有分歧，但是总体看，信贷的增长对应对危机发挥了十分积极的作用，但是也给未来货币政策的退出提出了新的课题。

2.回归中性的适度宽松，动态微调创造一个稳定的货币与金融环境

理论上，虽然货币政策与通货膨胀、资产价格之间的传导存在诸多争议，但是从最简单的原则讲，一个货币政策工具不可能同时实现经济增长与币值稳定的双重目标，因此，货币供应的扩张必须限定在实体经济对货币需求的必要量之内，从而让货币政策承担它所能承担的基本功能，为经济发展创造一个稳定的货币和金融环境，这也是经济结构调整和可持续复苏的必要条件。总之，未来的货币政策取向应该真正回归到适度的宽松，而从目前的发展趋势看，尽管中国的宽松政策始终强调面向实体经济的需要，直接将大量资金注入实体经济，但是，随着国际范围内通货膨胀预期和资产泡沫风险的上升，政策的动态微调并且适时考虑逐步退出将显得更为重要。

首先，尽管依然处于物价负增长的环境下，通货膨胀的预期在加强。通常意义上，通胀的预期主要来自于国际资源价格的大幅上涨，以

及宽松的货币供给。从目前的物价走势看，虽然物价水平仍是负值，但是环比在明显上升。8月份中国的CPI通缩从7月份的年同比-1.8%收窄至-1.2%，预计年底CPI将由负转正。但同时基于中国制造业的产能过剩、劳动部门生产率的提高、出口转内需等原因，预期2010年中国即使出现通胀其幅度估计也不会高，通常认为在3%以内。

其次，无论是国际市场还是中国本土市场，资产泡沫的形成条件已基本具备，需要引起关注。这些条件包括内部条件和外部条件。所谓的内部条件主要是：第一，宽松的货币投放和银行信贷；第二，国内实体经济的企稳复苏；第三，出口复苏将引起经常账户顺差和外汇储备积累，这会形成流动性的新增动力。外部条件则主要是全球为了应对危机普遍投放的流动性对中国的流动性增长形成了巨大的推动作用，同时随着中国经济的率先复苏，经济基本面好转，加之国外较低的资金成本，可以看到国际资本正在加速流向中国。从数据上看，这正在变成现实。据统计，2009年9月第三季度，中国外汇储备大幅增加1410亿美元，如果以这个数字减去同期贸易顺差392亿美元和FDI的208亿美元，这个差额是810亿美元，这意味着这个外汇储备增量可能有大量不可被解释的短期资本流入，有的研究机构估计在500亿美元左右[①]，尽管这种估计并不准确，但是可以作为一个参考。这一点在中国的房地产市场表现最为明显，与全球主要房地产和股票市场一样，上半年中国全国平均住房价格上涨幅度超过20%，如何应对资产泡沫，是全球央行共同面临的问题，中国央行也不例。

3.货币政策的动态微调是为了寻找适度宽松货币政策的“度”

从目前的趋势看，从2009年到2010年中国适度宽松的货币政策主基调不会改变，然而应该指出的是适度宽松本身也应有一个“度”，这

① 中金公司.关注热钱卷土重来.宏观经济周报，2009-10-19.

里有两层含义:第一,中国货币政策的"适度"应当对应于全球央行货币政策调节。换言之,中国货币政策的微调应该放到全球的大背景之下,中国的货币政策调整也是全球货币政策调整的一个有机组成部分。最近的G20央行行长会议上,已经强调全球扩张性货币政策调整应该在透明、可行并且相互协调一致的前提下进行。一定程度上,这是全球经济复苏之后面临的一个共同课题;第二,中国货币政策的"适度"应当对应于中国经济复苏的不同阶段。适度宽松的货币政策在执行过程中要根据实体经济的复苏进程合理界定一个度。换言之,在反危机阶段,超常规的宽松是可以理解的,一旦确认实体经济步入稳定的复苏期,那么宽松的货币政策应回归适度,以满足实体经济平稳复苏的需要。

三、从全球"再平衡"看中国的可持续复苏

从2008年9月金融危机的全面爆发、漫延至全球,到世界各国积极应对、经济逐步复苏,迄今正好一年零三个月。今天,如果从一个更大的视野来反思金融危机的缘起与结果,这种反思应当关注几个方面的内容。

从全球经济增长模式来反思,对于中国等新兴市场经济体而言,金融危机意味着出口导向型发展模式面临调整,总需求会因为国外市场需求的波动而发生剧烈震荡,加大经济的波动;对于一些西方发达国家而言,金融危机则意味着依赖过高的"杠杆率",高负债推动下的消费主导型发展模式同样蕴涵巨大风险,危机之时被迫"去杠杆化"过程将使国民财富大幅缩水,并最终使整个经济深陷"流动性陷阱"之中,所以这种模式也不可持续。

从全球金融体系格局来反思,金融危机表明以美元主导的国际货币体系存在许多内在的缺陷。在这样一个不对称、不平衡的国际货币金融架构下,由于不存在发达的本土金融市场,中国等新兴市场经济体不

得不把大量贸易盈余(过剩储蓄)投向美元债券,转换成巨额外汇储备;相反,美国则依靠美元主宰性国际储备货币的地位为巨额赤字融资。这种高风险的全球"恐怖平衡"最终被金融危机打破。

因此,讨论中国与全球经济的可持续复苏时,实际上更应当讨论的是全球经济发展模式"再平衡"和全球金融格局"再平衡",而且中国的复苏本质上也将表现为全球复苏的有机组成部分。

(一)平衡经济增长模式:从出口导向逐步转移到内需主导

1.中国的外贸增长是全球化推进的必然结果,但是进一步的平衡增长存在挑战

仅从统计数据上分析,随着全球化的推进,中国出口的增长十分迅速,无疑是过高了;2008 年中国国际收支盈余占 GDP 的比重达 9.457%。从现实层面讲,中国的出口导向型发展战略是全球化大背景下的一个组成部分,较低的劳动成本和不断提高的劳动生产率使中国成为全球产业链的一个重要组成环节,如果中国的供给优势和全球的产业分工格局不变,则中国的生产能力就会保持或上升。因此,实现中国经济的平衡增长本质上取决于出口的约束条件能否发生根本变化,然而,在当前金融危机的背景下,这些约束条件正在逐步发生变化。

2.全球经济"再平衡"会使中国外需出现结构性的变化

目前,以美国为代表的西方发达国家正在进行不同程度的经济"再平衡",仅以美国为例,在金融危机的冲击下,美国的消费和储蓄模式正在发生积极变化。2009 年 1~9 月份,美国的国民储蓄率不断上升,目前国内居民储蓄净额占 GDP 的比重已由危机初期的-1.2%提高到 6.5%,而且仍在继续上升。随着国民储蓄率的不断提高,美国的国际收支赤字也不断下降,目前国际收支差额占 GDP 的比重已由 2008 年的-5%降至 2009 年上半年的-3%。这样一来,作为世界最主要消费进口国,美国的进口减少,可能会对全球贸易格局产生直接影响。虽然随着世界经济

的企稳复苏，中国出口负增长的速度正在放缓，但是长期来看，欧美国家的经济“再平衡”将不可避免大幅减少对中国产品的市场需求，需要中国出口部分进行新的调整，提高高附加值产品的出口，同时更加关注内需市场的拓展。

3.出口正在出现的积极变化：从低成本优势到更加主动地调整出口结构，注重可持续发展的高附加值优势

给定外部需求不断缩小的趋势，中国的出口正在出现积极的调整，除了部分外需的产能逐步转向内需市场之外，还有一个重要因素就是出口产品结构的调整。从现实来说，作为一个发展中大国，不出口是不可能的，关键在于出口什么，也就是要主动地调整出口结构，尤其是提高中国出口的可持续性。

(二)平衡全球金融体系：促进中国与全球经济可持续的复苏

1.推动本土化金融市场发展，促进国际收支平衡

按照宏观经济学恒等式：CA=S-I，即国民总储蓄率与国内总投资的差额即为经常账户的余额。据此，如果从更广泛的意义上把储蓄定义为国内储蓄、国际收支经常账户顺差及外汇储备，那么中国的国际收支顺差本质上表现为高储蓄未被国内使用的部分。理论上，只要存在一个发达的本土金融市场，巨额储蓄仍可以通过国内金融体系转化为实物和金融资产，并不一定要投资于海外债券等国外资产上。然而事实上，不但中国，包括日本在内的东亚金融市场都不存在一个足够发达的金融市场以吸纳亚洲的巨额储蓄盈余。所以作为中国最大海外投资者的中央银行就只能投资于海外的债券资产等，从而形成外汇储备积累(据测算，中央银行的外汇储备资产中，美元债券占 65%~70%)。据统计，截至 2009 年 9 月末，中国外汇储备余额为 22726 亿美元，再创历史新高。

因此，为了提高盈余储蓄的资金配置效率，并促进国际收支平衡，发展本土的金融市场应当成为当前金融政策的重点。

不容忽视的是，本土金融市场的发展对于缓解人民币升值压力也具有重要作用。如果国内储蓄可以经由本土金融市场最终形成国内资产，而不是去购买美元储备，那么，这将从根本上降低人民币升值的外部市场压力。此外，中国的外汇管理政策还有更大的放松管制的空间，通过把更大的外汇使用权交给企业和居民，鼓励企业和居民的对外投资，以对外投资的增长来平衡外资的流入以及由此带来的汇率升值的压力。

总之，无论是中国的经验还是国际的案例都显示出，国际收支的顺差不可能依靠单一汇率变量的变动来解决，根本上需要一系列政策的结构性调整，特别是金融市场的发展，以及鼓励稳定增长的对外投资，来平衡国际收支平衡表中经常项目盈余。

2.稳步推进人民币国际化，推动国际货币体系更为合理化

到目前为止，美元依然是国际贸易和金融交易结算中的主导性世界货币，同时也是最为重要的国际储备货币。在各国央行公布的国际储备资产结构中，美元储备处于绝对支配地位。截至2008年年底，美元、欧元、日元在国际储备资产中的份额分别是:64%、26.5%和3%，其他国际货币无法与美元相提并论。这样一来，在目前的国际储备货币体系下，只要中东和亚洲存在储蓄盈余，它就不可避免地表现为美元外汇储备，使资金流向美国。因此，纠正全球的储蓄不平衡结构，一定程度上也表现为国际储备体系的改革，只要全球外汇储备资产集中于单一美元，那么美国的低储蓄率、高负债率的问题就不可能从根本上得以纠正。

所以，从全球角度看，应当积极推进国际储备货币多元化，解决全球金融体系不平衡，而从中国角度看，则应当推进人民币国际化，这不仅有助于推动中国经济的国际化，而且对全球货币体系的进一步均衡，会发挥积极的作用。

金融危机以来，中国加快了区域货币合作的步伐，开展了人民币跨

境结算试点，推动货币互换，扩大人民币海外发债规模，人民币已开始被用于中国周边经济体与中国之间的跨境边贸结算，人民币在香港正在逐步形成一个离岸的市场，人民币国际化已迈出重要步伐。

总结

随着全球经济的复苏和国际贸易的回升，全球的不平衡格局正在发生着积极变化，正如最新的G20峰会所形成的共识，全球应该协调一致共同应对危机，实现全球经济的可持续复苏。就中国而言，通过强力刺激政策实现率先复苏之后，一方面以积极的财政政策和宽松的货币政策为代表的“再杠杆”政策正在进行灵敏主动的动态微调，从而避免经济出现“二次探底”，同时也预警性地调控可能的通货膨胀预期和资产泡沫风险。另一方面为了增加经济持续复苏的内在动力，实现平衡的、可持续的复苏，中国也在根据全球化的新趋势积极调整对外经济金融政策，以促进对国际收支失衡的调节。

这次全球性金融危机以极端的方式证明，全球经济体无论是新兴市场经济体还是发达国家经济体，都是紧密联系在一起的。发达国家的金融监管失误，也会直接导致新兴经济体的巨大波动。目前看来，世界各国的决策者在全球化的大背景下积极合作，使得危机最为困难的时期已经过去。可以预计，基于全球化继续推进的信心，各国也应该共同为后危机时代的全球平衡发展而继续合作。

2010年中国经济五大看点

汤 敏

世界各国在金融危机期间先后都出台了一系列的刺激政策，而且经济刺激陆续开始见效，我国也不例外，政府的刺激力度是经济回升最主要的原因。展望未来，我国经济要继续持续增长，不能仅靠政府的经济刺激计划。因此，抓住哪些关键问题才能使2010年中国的经济拉动起来？这是我们要认真考虑的问题。

一、谁来拉动2010年的经济增长

经过了一年多的努力，中国经济已经走上了复苏的道路。上万亿元的财政投入、近十万亿元的银行新增贷款的投入，使2009年"保八"成功。但接下来2010年经济发展态势会如何呢？

1. 2010年经济增长会不会放缓

2010年中国经济面临的最大挑战是如何在不加大财政及货币投入的条件下，继续保持中国经济快速增长。毋庸置疑2009年中国经济增长主要靠基础设施建设、大型企业、房地产投资的拉动。固然2010年还要继续在这些行业中投资，但增长指的是2010年与2009年比，如果

作者系中国发展研究基金会副秘书长，中国人民银行研究生部部务委员会副主席。

2010年没有比2009年更多地投入，增长就会乏力。当前不论是财政支出还是贷款增量都已破历史纪录。2010年很难进一步扩大规模。最近亚洲开发银行、摩根斯坦利等机构都预测2010年下半年我国经济增长速度可能会放缓。

2. 谁来拉动2010年的经济增长

在不能增加财政与货币投入的条件下，就要从提高投资效率下手。很多研究表明，同样的财政与贷款的投入量，如能将其中的相当一部分转投到中小企业中去，效率会更高，增长会更快。特别是当经济已经开始回暖，民间投资的信心增强的情况下，加大对这些领域政策的推动，可以起到事半功倍的作用。

加大投入到中小企业、民营企业的资金从哪里来？估计2010年基础设施的投入还不能减，对国有大企业的投入向下调整的幅度也不会很大。有潜力能够腾出一些资金的领域很可能是房地产。据估计，房地产贷款比例占了银行全部贷款的三分之一。这两年房价增长太快。花无百日红，明年有所调整的可能性是存在的。一方面加大对经济适用房、廉租房的投入，另一方面由于市场的震荡，银行可能对房地产的放贷更为谨慎。把释放出的一部分资金投入到中小企业、民营企业中去，就可以大大提高这些企业的增长率。如果财政再加一把火，在税收减缓、贴息、投资引导基金等领域加大一些投入，借创业板的东风，民间投资、中小企业会引领明年经济增长的风骚。

事实上，过去三十年几次宏观调控的经验显示，在调控的初期，民营企业、中小企业往往是被紧缩的对象。市场前景不好，这些企业本身也在自我收缩。大型国企等在增长上会暂时领先。一旦复苏的态势已经形成，民营企业、中小企业的发展冲动就会起来，稍加引导，是能够成为增长的主要动力的。

加大民间投资，促进中小企业更快发展，对解决就业、扩大内需、改善增长结构的重要性更是不言而喻的。对于2010年经济来说，扩大内需，减少对国外市场的依赖，是又一重要任务。毋庸置疑这次危机后世界经济结构会发生很大的变化。在一个较长的阶段中，发达国家的居民需求会相当疲软。要保持中国经济的可持续发展，就要靠把国内的最终需求调动起来。老百姓有钱了，消费多了，民生也就有所改善了。

但是，如何才能让老百姓多消费呢？只有当他们的收入大幅增加时，居民的最终需求才能大幅度增加。而增加老百姓的收入，不能靠政府命令企业加薪。最好的办法是让劳动力市场偏紧，当出现民工荒、大学生荒、雇工荒时，工资才会自然地涨起来。这时市场的力量会逼着企业去升级换代，腾笼换鸟，改善结构。而这一切只有当占吸收绝大多数新增就业的中小企业快速发展起来才有可能。

因此，在大型企业已经全速发展、基础设施建设已为2009年经济增长做出了重大贡献的条件下，要保持2010年的快速增长，扩大内需，调整结构、促进民生都需要把占企业数99%以上的中小企业投资与发展的积极性给调动起来。这是保持明年经济快速增长可以牵动的龙头，也是应该牵动的龙头。

3. 有了政策关键还在落实

在这样的背景下，最近出台的国务院促进中小企业发展的29条措施就如同一场及时雨。而且，其中很多条款的含金量很高，对于中小企业发展来说，这很可能是一个划时代的文献。然而要使这个文件能达到理想的效果，关键在于细节、在于落实。几年前，人大也曾通过了《中小企业促进法》。但从后来几年的贯彻情况来看，效果没有原先估计的那么显著。对很多部门以及相当一部分地方政府来说，中小企业，特别是小企业在他们工作的排序中比较靠后，落到实处时就没有多少实惠了。话又说回来，中小企业发展之难也不仅是在中国，全世界的中小企业发展都很难。这是中小企业发展有市场失灵的问题，需要政府来推动，特别是中央政府的推动。

二、谁来给中小企业融资

中小企业发展对拉动明年的经济增长格外重要。而对中小企业来说,帮助他们缓解融资难的问题是当务之急。最近,国务院促进中小企业发展的29条措施中最重要的,也是含金量最高的条款就是有关金融的五条。真正落实好这五条措施,防止在政策执行过程中的走形变样,就能大大缓解中小企业融资难问题。

1. 重新划分中小企业,让小企业享受绝大部分优惠政策

名不正则言不顺,要真正让政策的温暖惠及确实需要得到帮助的企业身上,首先要对中小企业的概念重新划定。

与世界上绝大部分国家不同,我国中小企业的定义非常宽泛,除了1000多家特大型企业之外,其他企业都划为中小企业。例如,工业领域职工人数在2000人、建筑业职工人数3000人的都称之为中小企业。而国外中小企业的划分就比我们窄得多。例如,在欧盟,职工人数在250人以下的企业才称为中小企业。事实上,我国小企业的定义比较接近国际上中小企业的规定。

把中小企业混同起来的统计方式会造成很多的政策误区。例如,按有关部门的统计数据,2009年上半年中小企业得到了53%的新增贷款。但实际上在上半年的7.37万亿元新增贷款中,大型企业得到了其中的47%,中型企业得了44%,而小企业才得了8.5%的贷款。

政府给中小企业提供优惠政策最重要的原因是他们能够创造出大量就业。我国新增就业大部分是由职工人数在300人以下的小企业提供的。大中型企业仅提供了不到10%的新增就业,却拿走了91.5%的新增贷款。

这也就是多年来国家不断地出台对中小企业的优惠政策,但真正

需要得到帮助的企业并没有感觉到政策温暖的重要原因。

中小企业29条提出了要“修订中小企业划分标准”,就是要防止把中型企业与小型企业混在一起给优惠。这里并不是说中型企业不应该得到支持。但总的来看,中型企业在市场上已经有了很强的竞争力,无须任何新政策,银行等金融机构愿意给他们融资。

建议有关部门尽快重新划分中小企业标准。如果重新划定需要一些时间,而金融危机下很多小企业急需帮助,可以考虑在大部分的政策执行中仅让小企业为受惠主体。在各部门发布的数据中,也应该把中型企业与小企业分开统计。

2. 加快发展商业银行的小企业融资平台

中小企业29条中的第六条提出商业银行都要建立为小企业金融服务的专营机构,逐步提高小企业中长期贷款的规模和比重。目前大部分商业银行都成立了专门给小企业融资的贷款机构。

然而,加大给小企业贷款并不是没有风险。由于政府救助和债务重组失败,拥有百年历史的美国最大的中小企业商业贷款机构CIT集团正式申请破产保护。CIT成立于1908年,向将近100万家中小企业提供贷款。除贷款业务外,CIT还向中小企业提供金融产品和咨询服务。CIT拥有超过600亿美元的资金和租赁资产,在全球50多个国家和地区的30个行业开展业务。CIT的倒闭说明在金融危机中,对中小企业的融资风险格外的大。因此,没有一定的补偿,银行是不愿意给小企业贷款的。

要鼓励银行去给小企业贷款,就要鼓励他们提高贷款利息来覆盖部分风险。小企业贷款的不良率高一些,但如果贷款利率高,就可以覆盖一些风险。在评价一个银行的不良资产率时,应该把小企业贷款的不良率与其他贷款分开来计算。不良贷款终身责任制对小企业贷款也要有一些不同规定。

在全球危机时期，给小企业贷款的风险很大，完全用市场化的手段可能效果不是很好。最近，即使是崇尚市场经济的美国也宣布了政府向小企业和小银行提供更多信贷支持计划。让资产不足10亿美元的小银行和社区金融发展机构可以以低利率从政府7000亿美元的金融救助计划中获得融资支持。将小额信贷的额度从3.5万美元提高到5万美元，以帮助更多小企业创业。

为鼓励银行多向小企业贷款，我国各级政府有关部门也应加快建立小企业贷款风险补偿基金制度，制定风险补偿发放的规则，减少银行的后顾之忧。

商业银行应该是给小企业融资的主力军。由于其他金融机构不够发达，我国绝大部分资金都集中在银行里。国家给了商业银行很多的垄断权，对商业银行也是多方保护，与此同时，商业银行也要履行一定的社会责任。

可以把给小企业贷款当成是银行要履行的社会责任之一。除了政府补贴方式外，还要动用一些行政措施。要对小企业贷款做得好的银行给予表彰，对迟迟不采取行动或相对落后的银行给予批评。可以考虑建立一个每季度或每半年一次的信息公开与评比制度。如同公布统计数据一样，定期向社会发布各个银行给小企业贷款的数量、比例，形成银行间的竞争，并形成社会的监督。

3. 进一步放开民间融资

除了正规的金融机构外，我们也不能忽略非正规金融机构在小企业融资中的作用。民间融资与高利贷在任何国家、任何时候都是存在的。正规的金融机构总不可能满足所有的要求。这些被排除在规则之外的公司与人群便成了地下钱庄、高利贷等的客户来源。他们在市场上起到了非常大的作用，对正规金融机构的职能进行了补充，特别对低端市场起到了非常重要的作用。可以说，地下钱庄和民间集资与小企业融资难密切相关。

有关部门正在研究通过贷款人条例来松绑民间借贷。在这个条例下,企业与个人均可成为放贷人,让地下钱庄浮出水面,让民间借贷走上正轨。但即使这样,也不可能让所有的地下钱庄都浮出水面,而且高利贷一定还会依然存在。但规模会小很多。像香港,贷款人条例早就有了,但高利贷依然存在。

全世界的中小企业都会遇到融资难问题,只是难的程度不一样。就目前我国金融机构的现状来看,小企业融资更难一些。风险投资、产业基金、集合发债、网络贷款等多元化的融资渠道在我国才刚刚开始。当前,有很强生命力的是三种新的民间金融模式:村镇银行、小额贷款公司和农村金融合作组织。我们将重点探讨如何做大做多这三种模式,形成商业银行或政策性银行与这三种模式的分工合作。

三、谁来帮助小额贷款公司健康成长

央行与银监会推出的农村金融改革试点之一——小额贷款公司,正在各地蓬勃发展。在国际金融危机的影响下,民间投资意愿不高。然而小额贷款公司却是当前仅有的几个民间投资热点之一。在短短的一年多时间里,全国已经有 1144 个小额贷款公司成立。与此同时,还有 127 个村镇银行开业。由于民间投资热情不减,为了解决僧多粥少的问题,很多省份都把小额贷款公司门槛从 300 万元人民币提高到 5000 万元,甚至 1 亿元人民币。

从整个金融层次来说,我国最缺的就是能够有效地给那些小企业、给农户在最基层提供多元化金融服务的金融机构。我国并不缺资金,也不缺好的小企业和有信用的农户。我们不缺大血管,缺的是金融毛细血管,缺的是能够一直深入小企业、深入农户的多元化金融机构。金融改革的重要任务之一就是要制造一个很好的金融毛细血管系统。而小额贷款公司、村镇银行就是这样的金融毛细血管。别看现在才有1000多家,如果有措施配合,完全有可能建立3000家、5000家。我国有1600个县,假如每个县有2个,就有3200个小额贷款公司;我国还有800个城区,一个区批2个,也就1600个。每个小额贷款公司贷出1亿元到2亿元人民币,就有5000亿元到10000亿元资金真正贷到了小企业、农户、业主手中。如果有了这个体系,我们就可以较好地解决全世界都没有更好的办法解决的小企业、农户贷款问题。

当然在小额贷款公司的快速发展过程中还存在很多问题。如果这些问题能够得到妥善解决,小额贷款公司的发展还能更上一层楼。

1. 小额贷款公司的困境

缺乏后续资金。由于小企业融资需求旺盛,很多小额贷款公司成立两三个月后就已经把全部注册资金都贷出去了。小额贷款公司有对小企业与农户的贷款能力,社会上也有大量的需求,但是,受资本金的限制,不能扩大贷款业务。小额贷款公司是只贷不存的金融机构,不能吸收存款,又没有别的机制能够从其他金融机构得到批发贷款(按规定从银行内最多只能得到资本金50%的贷款)。这就极大地限制了小额贷款公司发挥作用。目前,典当行等机构都能从银行得到授信。对小额贷款公司也应该有一个根据他们的绩效扩大后续资金的机制。

税收歧视。尽管小额贷款公司从事的是金融业务,但却是按一般的公司上税,这就加大了小额贷款公司的税务负担。例如,银行业的所得税是按存贷利率之差来征收的,而对小额贷款公司却是对贷款的全部利息收税。小额贷款公司打的是短平快,贷款三个月就周转一次,与一般的金融机构相比,交的流转税也特别的高。目前国家对农信社有特殊的税收优惠政策。各地对商业银行、农信社从事小企业贷款、农户贷款也有很多扶持政策,但同样从事小额贷款业务的小额贷款公司却不能享受到这些优惠政策。

不能参与金融机构的征信系统。小额贷款公司从事贷款业务,需要了解贷款企业与个人的诚信信息。然而,中国人民银行的征信系统对小额贷款公司并不开放,小额贷款公司所掌握的大量企业与个人的信息也不能加入银行征信系统,这就大大地增加了小额贷款公司的风险。

发展前景不明。小额贷款公司完全用投资者的资本金从事贷款业务。从商业模式上是不可持续的。作为一个过渡形式,小额贷款公司最终或者能接受批发贷款,或者升级成村镇银行。中国人民银行与银监会的文件给出了小额贷款公司这样的发展前景。但是小额贷款公司未来发展的政策细则一直还没有出来。市场上还不时传出许多对小额贷款公司发展前景不利的信息,这就造成了投资者的很多疑惑。在一些地方,投资者的热情已经开始消退。

2. 全社会来关注小额贷款公司的发展

在国务院促进中小企业发展的29条中,特别强调要建立新型的民营金融机构,大力发展小额贷款公司与村镇银行就是落实29条的重要措施之一。

当务之急是解决运营较好的小额贷款公司后续资金的问题。建议国家通过招标方式,由商业银行或国家开发行给运营好的小额贷款公司提供批发贷款,国家给予部分担保。在这个方面,孟加拉国就有很好的经验。孟加拉国有一个专门的国家基金,为小额贷款公司提供批发贷款。在给批发贷款之前,这个基金首先要审查申请小额贷款机构是否符合条件,是否有能力回收贷款,是否真的把资金贷给了贫困户。然后,由基金有偿提供批发贷款。

商业银行给小额贷款公司的批发贷款,也可以算在他们给小企业的贷款额度中。开始时要谨慎一些,要严格挑选那些真正好的小额贷款公司。额度开始时小一些,以后逐步扩大。银行对小额贷款公司提供贷款的同时,对他们的业务进行监管,以促进小额贷款公司的健康发展。

有了这一机制，不但现存的小额贷款公司能提供更多的贷款，还会带动更多的小额贷款公司成立。用很少的国家投入来调动数千亿元贷款资金注入小企业与农户中去。

经过一段时间后，小额贷款公司证明它能够用好批发贷款，就应该逐步让一些办得好的公司升格成村镇银行。这时应该放开对村镇银行的种种约束。现在办村镇银行要商业银行作为大股东，导致村镇银行很难大规模发展。在时机成熟时，这一规定可以有所松动。

我们还应该有一批公益性小额贷款公司，专门给贫困地区、农村中的贫困户贷款。对这些人的融资完全用商业办法是解决不了的。我们应该在政策上为此开一个口子。诺贝尔和平奖获得者尤努斯教授申请在中国创办类似公司，三年了还没有批下来。这是因为我国还没有一个机制，让公益性的小额贷款公司能够发展起来。尤努斯说，尽管都叫小额贷款公司，但公益性的小额贷款与商业化的小额贷款就像美式足球和英式足球一样，有根本的不同。

小额贷款公司的最大风险在于非法集资，一定要严格监管。不然的话，只要出现几个非法集资公司，发生几次挤兑事件，就有可能把整个小额贷款公司系统给关了。有关部门应该增加人手，专职监管小额贷款公司非法集资问题。

四、谁来推动创业的高潮

促进中小企业发展，不但要支持那些已经进入市场的中小企业，还要创造一个环境，使大量的新企业不断地涌现。在过去三十年里，我们有好几次创业高潮。第一次是在20世纪80年代初，以贩卖牛仔裤、傻子瓜子为代表的第一代企业家开始了他们的创业之路。第二次创业高潮是1992年邓小平南巡之后，掀起了全民经商、全民创业的高潮。第三次创业高潮是在20世纪90年代末到21世纪初，一批以“海归”为代表在高科技领域掀起的创业高潮。应该说，中国的企业家阶层，中国的民营企业，中国经济的最活跃部分，主要是在这几次创业高潮中诞生的。

现在又是十年一遇的创业新高潮到来了。天时、地利、人和都支持一个创业高潮的涌现。

“天时”者，现在我们正处在大变化的世界中。首要的是，这次世界金融危机会导致很多金融规则、市场规则、产业结构的变化。变化就会给我们带来很多新机遇。其次，要解决全球变暖问题，对环境、能源甚至生活方式都要进行大变革，这同样会给我们带来很多新机遇。再次，中国经济本身也在开始一场巨大的结构性变化，其中最主要的是从过去的外向型经济转变为未来以内需为主的经济。“变”就是机会，这就是天时。

“地利”者，我们处在中国，这个世界上发展最快、机会最多的国度。我们所在的亚洲，又是世界上发展最快的地区。再过一个多月就会产生世界上最大的自由贸易区——中国—东盟自由贸易区。对于中国人来说，地利是我们的最大优势之一。

“人和”者，国家对发展中小企业越来越重视。国务院刚刚通过的29条促进中小企业发展政策。新开办的深圳创业板——中国的纳斯达克市场将会给中国的中小企业开启新的天地。在过去的十多年中，我们储备了大量的人才。大学扩招了六倍到七倍。农民工经过多年的磨炼，也聚集了很大能量，只要有一些政策扶植，很多人也会创起业来。

那么，这次创业高潮的热点会在什么地方呢？

我想大概有这样几个机会：第一，民间金融发展机会。如果说在过去改革开放的几十年里，还有什么大的领域没有完全开放的话，那就是金融领域。对民间的资本进入金融领域还有很多障碍，但是即便如此，这个领域还是慢慢在打开。在短短的一年多时间里就涌现出来上千家的小额贷款公司，上百家的村镇银行，很快就要通过的贷款人条例等等，都让民间金融拥有非常好的发展空间。创业板的开启就使得股权投资型的金融机构，如风险投资、天使投资等有了很大发展机会。民间金融是下一步创业很好的一个领域。

第二个领域是电子商务。在这个领域中，年轻人有极大的优势。广大中小企业正在革新营销模式以降低成本。有人曾说过，在五年内还没有实行电子商务的中小企业就要被淘汰。阿里巴巴等互联网的实践证明电子商务是中小企业实现营销模式变革的上佳途径。电子商务同样也可以低成本地使农村的生产经营与国际国内大市场对接。

第三个领域是服务业。中国服务业长期落后，现在从国家到社会都在推动服务业发展，这也是一个非常好的创业机会。

第四个领域是新能源、低碳经济、环保经济等等。这些都是我们下一步在新的创业高潮中存在的巨大机会。

有了天时地利人和，有了这些机会，那么我们还缺什么呢？我觉得我们还有“三缺”。

第一，我们还缺乏一些国际经验。媒体更多的是关注财富五百强企业，关注大公司，关注发达国家的经济。实际上，国际上的创业、创新的经验很多，需要成批地把它们引进来，需要全面地介绍。

第二，我们还缺一个很好的创业政策环境，这个环境就包括金融环境、教育环境、税收环境。我国还没有形成为支持创业的金融服务体系。我们需要更多的小金融机构，需要赶紧把贷款人条例等政策推出来，需要更大规模、更多元化的民间资本进入金融领域。同时，我们也需要一个为创业服务的教育体系。我国的教育体系还没有真正形成一个支持创业的教育体系。在大学里面有一些创业课，但这绝对不够。最近李开复先生成立了一个创业工场。我觉得像这样的模式应该大规模推广。我们应该有创业大学、创业学院。要脱离过去那种精英式的教育方式。我们还需要有一个帮助创业的税收体系，对创业企业前几年要全部免税。

国家还可以通过创业基金等来支持创业。

最后,我们还需要一个支持创业的社会氛围。我们的社会对创业的容忍度,对创业的支持还不够。舆论对好的创业、成功创业的经验可能说得比较多。但是对于失败的创业案例,社会容忍度就不够。在很多国家,包括在美国,创办的企业失败了,你是受到尊敬的。据统计,一个企业家要平均失败四次才能得到成功。要呈现成功了光荣、失败了也光荣的社会氛围,支持我们的下一代,支持我们圈内的朋友去创业,要形成一种创业光荣的氛围。

有了很好的国际经验借鉴,有了很好的教育、融资和税收等方面的支持,有了整个社会对创业的支持与理解,相信这一轮创业高潮应该比过去三次的规模还要大,成功的创业企业会更多。

五、谁来落实促进中小企业发展的政策

促进中小企业健康发展,是当前保增长、扩内需、调结构、惠民生的紧迫任务,也是一项长期的战略任务。国务院 29 条措施正是针对当前中小企业遇到的一些困难出台的。然而要使这个文件能达到理想的效果,关键在于落实。从过去几年的实际情况来看,有些政策得到了贯彻执行,有些至今还没有落实到位。特别是在一些领域的准入难问题,还没有得到根本解决。对一些部门、一部分地方政府来说,中小企业,特别是小企业的工作安排后置,平时口头强调很重要,但真落到实处时就没有多大力度了。

那么,如何才能使中小企业 29 条措施落实得更好呢?

拿出当年加入 WTO 后对法律法规的清理力度来清理不利于中小企业发展的法律法规。中小企业 29 条第一条就提出了清理不利于中小企业发展的法律法规。政府官员与办事机构只能按规章行事。中小企业发展受到很多制约,与现行的很多法律法规不合理有很大关系。对法律

法规的清理是一项细致的工作，要下大力气。中国几年前曾经在全国范围内对不符合 WTO 规定的法律法规进行了全面清理，共废除了 585 件，修改了 60 件、新制定了 20 件法律文件。我们能不能以同样的力度，同样的认真态度来对现有与中小企业有关的法律法规进行一次全面的清理，看有哪些对中小企业发展不利，哪些阻碍中小企业发展。这就需要有机构去布置、去协调，特别是去检查验收。这些清理也应该是参与式的，即不仅有政府部门参与，还要有所有的利益攸关方参与，特别要有中小企业主与员工的参与。

拿出当年为农民减负的力度来为中小企业减负。进一步减轻中小企业的社会负担也是中小企业 29 条中最大的亮点之一。29 条规定，凡未按规定权限程序批准的行政事业性收费项目和政府性基金，均一律取消。不得违规向中小企业提前征税或摊派税额。这些规定都十分有针对性。当年在中央政府的强力督导、地方政府的大力配合下，我们在减少农民负担的问题上打了一场漂亮仗。应该拿出当年为农民减负的领导重视程度、部门执行力度来为中小企业减负。要大张旗鼓地宣传，让所有的中小企业了解他们的权利，让政府各个部门、事业单位了解他们的职责。要有举报的渠道，有防止打击报复、秋后算账的具体措施。特别是要把那些模棱两可的、让执行者有很大裁定弹性的税收规定进行改革，从根本上堵塞有选择执法，随意给中小企业增负的渠道。

加强问责机制。要真正落实中小企业 29 条，一定要有严格的问责制。中小企业特别是小企业都不是地方的产值大户、税收大户。而就业，这个中小企业做出重大贡献的领域，是一个指标不十分明确，统计不十分科学，特别不容易在各地之间形成对比、竞争的较软指标。因此，要有特别的机制才行。在新成立的国务院促进中小企业发展工作领导小组的领导下，各地也会建立相应的组织机构和工作机制。29 条进一步分解成了十六个方面的任务，相关部门正在积极地准备把这十六项任务落到实处。对各个省市落实中小企业 29 条的情况要有检查、有评比，做得好的应该得到表扬，做得不好的应该受到批评。

在这里，关键是应该设计出问责机制，定出半年度、一年度、三年度、五年度的硬指标来，用数量化、精细化的方式来进行绩效考核。可以考虑发动学术组织、智囊机构、民间组织、中小企业代表参与落实中小企业 29 条的指标设计、检查评比、成效验收的工作中来。有了这些机制、制度的保证，中小企业的生存环境才能真正得到改善，29 条措施才能得到切实落实。

EXPLORATION AND CONTENTION

政府决策应立足国情

个人选择与公共选择

由蚂蚁世界有序交通想到的

羊群效应与经济危机的根源

政府决策应立足国情

王东京

我从不怀疑政府"为民谋利"的动机，也不是说政府决策一定会脱离国情，但毋庸讳言，现实生活中政策脱离国情的现象并不少见。留心观察，有些政策在实践中之所以行不通，不是超前就是滞后，说到底是与我们对国情的把握有关。空口无凭，让我结合几个案例说说吧。

一、关于社会集资

2008 年"湘西集资案"东窗事发，湖南境内一时闹得满城风雨，政府手忙脚乱差不多折腾了一年，到今天才总算尘埃落定。不久前我在吉首，听说那里不少老板被抓，也有不少平民蚀了本，为息事宁人，省财政还贴了 30 亿元。痛定思痛，这中间确实有教训要总结，更何况当下搞社会集资并不只湘西一地，全国其他不少地方也有。问题既然有普遍性，那么就有必要从体制上做点反思。

为避免误会，有一点要先指出，政府将湘西这次"集资行为"定为"非法"，我无异议，且完全赞成。理由简单，荣昌、三馆、福大、伟业等多家公司在向民间集资前，既没有依程序报批，更未获监管当局许可，纯

作者系中共中央党校经济学教研部主任、教授、博士研究生导师。

属胆大妄为,是胡来。不过即便如此,我脑子里却有个疑问,即湘西出这么大的乱子,我们的融资体制是否也值得检讨呢?并且我还担心,这回湘西出事后决策层会不会因噎废食,从此将社会集资一棍子打死。

不必隐瞒自己的看法,若是就事论事,我认为企业向社会公开借钱本身并无不妥。就我所知,在西方国家企业发债早已有之,而且司空见惯。所不同的是他们有法可依,大家都照规矩办。可在我们中国,企业发债被绝对禁止,不要说企业,就连地方政府发债也得由中央财政代劳。如此一来,企业不发债当然也用不着立法。可难题在于,政府不让企业发债,不等于企业不缺钱,企业缺钱若又告贷无门,则非法融资想堵也堵不住。

有个问题我一直没想通,就是政府为何不让企业发债?我揣摩,政府的顾虑也许是怕企业捅娄子。不错,前些年是有企业发债给政府惹了祸,但这并不说明发债这种融资形式不可取。设想一下,假如我们当初有相关的法律,加上政府监管到位,企业能闹出那么大的乱子吗?所以我认为对社会集资不能一味地封杀,重点应当是"疏"而不是"堵"。明知堵不住,就不如网开一面,让企业依法公开操作。只要公开了,政府反而好监管。

有人也许会问,企业既然可选择上市或向银行贷款,那何必一定要发债呢?这样岂不多此一举?是的,经济学有个"M-M"定理,该定理说,"在无摩擦的市场环境里,即完全市场条件下,企业以负债筹资还是以权益资本筹资皆不影响企业市值。"说通俗点,意思是企业若无破产风险,资本市场完善而交易成本为零,企业发行股票与发行债券两种融资方式的效果一致。"M-M"定理当然没有错,可问题是,该定理的约束条件真实世界里根本达不到,企业不仅有破产风险,而且融资的交易成本也往往非常高。

举例说吧。中国证券市场开放之初,当时上市企业为何大多都是大型国企？门槛高是原因之一，可是能达到这个门槛的企业为数并不少，为何偏偏是它们捷足先登呢？若说是机缘巧合，我不信。思前想后，我认为背后重要的因素恐怕还是交易成本。听说当年一家公司上市，光打通关节的佣金就得上千万元，请问这不是交易成本是什么？想想看，倘若一个企业不肯花钱，或者肯花钱而无实力，它能得到上市的机会吗？

另一个例子是银行贷款。这些年中央反复说，银行要为中小企业提供贷款支持。可事实呢？中小企业却一直少有人问津。所以如此，原因也是交易成本。从银行方面看，发放一笔贷款的审贷流程与监督费用大抵相同，假如大企业贷一个亿；而小企业只贷200万元，这样每百万贷款的平均交易成本，小企业是大企业的50倍，你说银行会贷款给谁？有人指责银行嫌贫爱富，可银行在商言商，它怎能不计较成本？若从企业角度看，大企业还好说，财大气粗会有银行送贷上门；而那些中小企业则不同，为贷款要四处烧香拜佛，交易成本能不高吗？

行文至此，相信读者已经明白，企业选择社会集资不过是为了节省交易成本。是的，由于有交易成本存在，一般企业特别是中小企业，不仅上市无望，就是贷款也难于登天。可企业要发展缺少资金怎么办？被逼无奈，所以才有人铤而走险转而从民间融资。这次在湘西考察，我听到过不少当地企业家创业的故事。比如福大公司，曾因开发老吉首市和八月楼宾馆享誉湘西；而三馆公司也因建造吉首体育馆、图书馆而名动一时。可惜的是，由于参与非法集资，这两家企业现均已陷入绝境。

我这样说，绝不是为湘西企业家开脱。我想说的是，假若当初国家允许企业公开发债，而且又有法律管束，那么局面也许不会像后来那样糟糕。可以算笔账，以湘西为例，起初荣昌、三馆等房地产公司集资时月息不过1.5%~3%。虽比银行利率高，但以公司盈利还本付息当不成问题，因为当地房地产成本每平方米800元，而市场楼价每平方米为1600元。问题是后来出现恶性竞争，月息升至10%却无人干预，政府也未向公众披露有关风险信息,于是愈演愈烈,最后才闹到难以收拾的地步。

遗憾的是历史不能假设,木已成舟,后悔药没的买。然而亡羊补牢,从湘西集资案中我认为至少可以吸取三点教训:第一,企业发债并非洪水猛兽,不必谈虎色变,政府与其"堵"还不如"疏";第二,为防止企业发债一哄而起,当务之急是要抓紧立法,否则没有规矩,免不了有人会从中浑水摸鱼;第三,监管当局应担负起风险预警的责任,对营私舞弊或渎职者一律从严惩处。

当然不止上面这些,但此三点最要紧。假若政府一时还无更好的招数,那就不妨按这个办法试试!

二、关于"小产权房"

"小产权房"这个话题的确很敏感。困难明摆着,国土部门目前态度很坚决,要叫停"小产权房";而下面的乡镇受利益驱动对建"小产权房"却情有独钟,欲罢不能。另外还有消费者,当初买房花了钱,现在政府说拆就拆,他们怎能答应呢? 大家立场不同而利益复杂,剪不断,理还乱,怎么说都难免有人反对。

不过为避开锋芒,恕我先不对"小产权房"的"好坏"表态,而是换个角度,转而探讨中国为何会出现"小产权房"。之所以这样做,是因为在我看来价值判断不是经济分析的重点,而且我也相信黑格尔的一句名言,"存在即合理"。是的,任何现象存在都有它特定的约束条件,或者说都是特定约束条件下的结果。经济学的任务,就是要指出约束现象的条件是什么。

先说我的看法。"小产权房"作为一种经济现象,虽令人棘手,但既怪也有趣。说它怪,因为此现象今天西方国家并没有;改革开放前中国也不曾有。而说它有趣,是到了近二十年,骤然间在城乡结合部风生水起、遍地开花。为何会这样?学界有多种解释,而我认为是与以下条件有关:第一,土地分属国家与集体所有;第二,城市房地产用地不足而导致房价虚高;第三,对集体土地征用的补偿明显低于市价。没有这三个条件,“小产权房”是断不可能出现的。

不是吗?让我们设想一下,假如没有土地集体所有,当然不会有“小产权房”,皮之不存,毛将焉附?要是城市用地敞开供应,地价不升也就不会有虚高的房价,“大产权房”价不高,“小产权房”怎会有市场?再有,即使房价高,但若土地征用按市价补偿,无利可图,乡镇也用不着自己去建“小产权房”。两年前我在成都做过调研,当时城郊土地市价每亩约200万元,而给农民的征地补偿仅5万元,暴利之下,乡镇政府自然要放手一搏。以北京为例。有数据说,北京市“小产权房”至少占全市商品房总量的20%。何以如此?说到底还是上面三个原因。我观察过,有个规律性的现象应该不会看错,哪个城市土地供应紧张,那里的房价就会高,于是“小产权房”也就越加泛滥。十年前,北京商品房均价每平方米约1万元;而昌平某乡开发的“小产权房”每平方米却不到3000元,尽管开发商言明没有“大产权”,可消费者仍趋之若鹜。为什么?因为有人买房是为自住,产权大小无所谓。

由此可见,“小产权房”在中国普遍存在,一方面,是供应方受利益驱动;而同时也是市场有需求。无论你个人怎么看,也不管你喜欢不喜欢,我敢肯定,只要约束条件不变,“小产权房”就绝不会消失。换句话说,政府要叫停“小产权房”,若单靠行政封杀怕是不灵,上有政策,下有对策,不改变约束条件,利益摆不平,政府再怎么强调也于事无补。“走私”是典型的例子,经济逻辑说,高关税会导致“走私”。想想看,世上有哪个高关税国家不降低关税而能杜绝“走私”的?

是的,政府若要叫停“小产权房”,那么就得先改变它的约束条件。问题是这些约束条件能变吗?依我看,有的能变有的不能变。首先,农村土地的集体所有性质不能变。土地集体所有受国家法律保护,法大如天,政府怎能儿戏?其次,由于城市土地稀缺,建设用地日趋紧张,僧多粥少,所以今后房地产用地也不会大幅增加;这样就只有第三点,即征地补偿。此点不仅可变,而且应该变。但能否变关键还在政府:第一,政府不得强征集体土地;第二,地价要与农民商议决定。

说到这里,有个误会要澄清。目前政府打压“小产权房”,明令不许“小产权房”转让,有人说是因为法律不承认其产权,以讹传讹,于是很多人还信以为真。其实,“小产权房”并非法律不承认,而只是政府不承认而已。不信你可把相关法律拿出来,无论《物权法》还是《土地管理法》,看有哪条禁止过农民卖房?相反《土地管理法》明确规定,农村村民出卖、出租住房后,再申请宅基地不予批准。意思是说,农民宅基地可以卖但有后果,那就是不得再申请宅基地。

不必讲高深的理论, 很简单, 宪法既然把农村土地界定为集体所有,理所当然,农民就应享有土地的完整产权。而经济学说得清楚,产权不仅包含“使用权与收益权”,而且包含“转让权”。若限制了“转让权”,同时也就侵害了收益权。如此一来,产权也就形同虚设。再想深一层,集体产权与国有产权其实并无不同,产权就是产权,无论归谁“权能”都应一样。可奇怪的是,国有产权可转让,私人产权也可转让,唯独集体产权转让不行,这岂不是咄咄怪事!

当然,政府所以设此限也有些理由。我知道的主要是说“小产权房”未交纳土地出让金。奇哉怪哉,“小产权房”用的是集体土地而非国有土地,转让自己土地为何要给政府交出让金?另一理由,据说是为了保护耕地或者避免扰乱城建规划,这更是让人一头雾水。耕地是否会被占或城建规划是否会被扰乱,那是政府监管的事,与产权大小何干?退一万步,即便有这种现象政府依法查处或拆除就是,有病治病,何必不分青红皂白对“小产权房”赶尽杀绝呢?

三、关于政府采购

以前我的想法，政府采购因购买批量大，与厂家谈判有筹码进价会相对低。此为经济学常识，照理不应该错。而且两年前我有同事对北京社区医院药品集中采购做过调查，结论是，2006 年北京市政府直接向药企集中采购 312 种、923 个常规药品，结果社区医院药价平均比二级、三级医院便宜了 36.1%。这样推算，全市三级医院每年用药 160 亿元，若令药价降低 10%，则每年药费就能节约 16 亿元。

逻辑上说得通，又有实证支持，所以对政府集中采购我一直举双手赞成。可最近有件事却让我有了动摇，8 月底去湖南开会，与岳阳市黄兰香市长共进早餐。老朋友见面当然无话不谈，席间黄市长说，现在药品集中采购反倒让药价猛涨，患者怨声载道。她的话令我大感意外，可惜那天上午她有会，来不及细聊。回到北京，我把这一现象告诉了朋友，朋友很快从网上传来一份材料，真人真事，看后由不得我不信。

事情是这样：前不久福建寿宁县龚园金的堂嫂因喉咙长瘤住进县医院，医院开出一种治疗该病的药——硫酸软骨素注射液，价格是每支 28.92 元。但当龚园金到县医药超市购买同一种药品时发现，药品超市零售价是每支 0.45 元，同一药品，医院价格高出超市 63.3 倍。于是患者状告县卫生局，然而经有关部门查证，医院使用的是福建省集中采购药品，所售价格为合法，结果，此案以患者败诉而告终。

好奇怪的现象，究竟是咋回事？专家的解释，是超市药品购自物流直销，而政府采购却要经过代理商、医药代表、配送机构等中间环节，雁过拔毛，层层加价，这样药品到了医院，就从成本价 0.3 元变成了 28.92 元。若情况属实，那么我要问的是，既然集中采购不能降药价，政府岂不多此一举？也许政府是为了杜绝药品采购中的腐败，可这代价也实在太高了，再说也没道理让患者承担反腐成本呀！

冥冥中我有一种感觉,降低药价与杜绝腐败,除了集中采购还应该有别的办法。思前想后,我最终想到的是医药分家。不错,目前药价居高不下,究其原因是医药一家,医生开处方,药从医院买,这样药价高低由医院定,没有竞争,药价哪有不高的道理?假若将医药分开(斩断医药间的利益关联),医院只开处方,药品由患者去药店买,这样让医院与医院比服务,药店与药店比价格,有了竞争,药价何愁不降下来?我这样说并非要否定"集中采购",我的意思是,集中采购必须要能降低成本,不然搞得越热闹就越是劳民伤财,除了浪得虚名毫无意义。可转念再想,若如上文所说,医药分家当然好,问题是改体制要伤筋动骨,就算政府力推短期内也不可能一蹴而就。远水不解近渴怎么办?在医药未分开之前政府总不能不作为吧? 舍优求次,我想可行之法还是集中采购,不过现在的采购方式要改,要引入竞争。

还是说前面的例子,福建寿宁县医院开出的硫酸软骨素注射液,价格要超出医药超市的63.3倍,专家解释是中间环节多,而我看是政府采购无竞争。经济逻辑说,假如允许竞争,中间环节不可能多,即便多也不可能漫天要价。我看到的资料,中间机构提取的费用有的高达30%。所以如此,相信原因有方方面面,但关键还在政府采购垄断。只此一家,药价再高医院都得买。这样不受竞争约束,皇帝女儿不愁嫁,采购成本高也就不足为怪了。

由此看,降低采购价格当务之急是要打破垄断。现在的问题是,"集中采购"由政府操控,用什么办法能将竞争导入呢?我的考虑有三点:第一,政府应同时设立多家采购机构,且彼此独立、分别考核;第二,允许购货单位货比三家,也就是说,购货方最终从哪家机构订货可自主决定;第三,网开一面,保障购货方在政府采购价高于市场价时有退订的权利。如此一来不仅政府采购机构间会有竞争,政府采购机构与代理商也会有竞争。

可以推断，只要允许竞争，政府采购机构想生存价格就必降无疑。最近与朋友讨论，大家也同意此判断，但也有人担心打破政府垄断后产生腐败怎么办？我回应四个字："依法惩处"。其实，政府采购也非净土，腐败也不少。不是吗？前有广东省政府采购中心原主任李春禄的受贿事件，近有重庆合川区政府为几所中学采购"问题床"曝光。甚至有人说"集中采购"就是集中腐败，虽然言过其实，但指望政府采购根治腐败则无疑是异想天开。

"繁荣来自竞争"，这是艾哈德说的。让我们记住这句名言吧！是的，不仅搞经济要竞争，"政府采购"也要有竞争，否则若政府采购价比市价更高，腐败更甚，哗众取宠还不如取消算了。

四、关于"林权改革"

国家推行"林权改革"，江西是策源地。这几年我去江西少，对"林改"关注不多。不过我读过不少相关的研究报告，对林权改革的方向，我从没怀疑过。所谓"山定权、人定心、树定根"，意思是说把"林权"界定给农民，放权于民则人心稳定，农民会对山林倍加爱惜。这样讲，理论上应该是对的，至少我看不出有什么纰漏。是的，天下哪有人不爱护自己的私产呢？

然而大千世界，无奇不有。2009 年早些时候我赴上饶讲学，顺便到横峰县葛源镇考察，发现有个现象令人费解。三年前，葛源镇实行"林改"，随后集体林场解散。原本以为，农民拿到"林权"后会爱惜山林，可想不到，有些农户却将自己山上的用材林一砍而光。而面对大面积砍伐，政府只能干着急，管不了。因为林权归了农户，农民享有处置权，砍伐自由，何时砍、砍多少都是农民的事，政府想管却师出无名。

在葛源镇政府办公室，我与镇党委书记苏卫东有过对话。我问农民为何会砍树？他答是农民讲实惠、急功近利。说农民讲实惠我同意，但说农民"急功近利"却未必。本人也是农民出身,三十年前种过地,我体会,农民所以看重眼前利益,多半是长远利益靠不住,有风险。举我知道的例子,大约是唐山地震那年(1976年)吧,我老家也听说会地震,传闻四起,人心惶惶,于是村民纷纷将饲养的家禽卖掉,卖不掉的便宰杀。是农民急功近利吗?非也。设身处地地想,假如换了是你,在当时情况下会怎么做?

经济学说,人的行为选择,一定是在约束条件下追求利益最大化。既然要追求利益最大化,农民怎会轻易放弃长远利益呢?民间有句俗语:"多得不如现得。"其实,这并非人们不想多得,而是长远收益变数大,得之不易。也正因为如此,人们才选择落袋为安。相反,假若长远收益确定,人们则必选"多得"。比如有些农村家长节衣缩食地供子女上学,为什么?那是因为上大学的长远收益高,且他们的子女会读书,考大学的把握大。可为何有的家长却让子女辍学去打工呢?原因复杂,但据我观察,多数情况是子女读书不佳,升大学希望不大。

与此类似,农民所以大面积砍树,我的推测,也一定是长远收益不确定。按常理,用材林要生长成材才能赚钱多,可农民为何要提前砍伐呢?经多方查访,原来的确是事出有因。最主要的是农民担心林木被盗。林改前,公家有护林队专人看守;可林改后,护林队没了,防盗的责任落到了农民自己头上。各家自扫门前雪本也无妨,问题是,许多农户的青壮劳力外出务工,家里无人手;即便家里有劳力,仅几十亩山林却要占个劳力,得不偿失,所以不如砍掉了事。

据当地干部反映,农民砍树通常一窝蜂,会产生连锁反应。比如张三家的树砍了,李四家也会跟着砍。不然李四不砍,他家被盗风险则增大。人人自危,所以大家都得砍。而我的疑问是,面对共同的风险,农民何不集资聘请护林员呢?后来去宜春,就此请教过高安市委书记郭安,他告诉我,盗林者多是亡命之徒,农民自聘的护林员基本不管用。以前护林队由于有政府背景才有威慑力。而私聘的护林员无政府背景,即便有人盗林，护林员发现了也怕是难以阻止。

此解释有一定道理，不过在葛源镇调查，我了解到还另有一层原因。“林改”之初，镇政府曾有意组织农民集资成立护林队，可想不到有的农户却不肯出钱。有人说，他家的林子离家近，用不着看管，不怕偷。而另一些农户则说，那些人明显是想占便宜，让别人出钱帮他看林子，他不怕偷，我也不怕偷，所以我也不出钱。这种现象，经济学叫“搭便车”。是的，一旦允许搭便车，结果必是无人买票。没有钱，成立护林队再好也只能空谈，最终，还是不了了之。

由此看，国家把“林权”界定给农户，方向对；但如果政府不维权，农民的“林权”也就形同虚设。当然不是说没有相关法律，真正的困难在于由谁负责将那些以身试法的盗林者捉去公安局？上文说过，靠农民自己不行。农户势单力薄，各自为战往往斗不过盗林者；而集体成立护林队可以，可由于有人想“搭便车”，结果大家都不肯出钱，两难选择如何是好呢？想来想去，我觉得可取之法是由政府成立护林队。其理由简单，当下“林权”虽已界定给农户，表面看，似应由农户自己维权，但想深一层，维权的责任其实仍在政府。政府作为公共利益的代表，首先就应该是产权的监护人。两百多年前，亚当·斯密就说政府是守夜人。作为守夜人，维护老百姓财产安全责无旁贷。

其实，从维权效果看，政府成立护林队是明智之举。说过了，农民自己护林无政府背景往往力不从心；而政府的护林队不同，代表国家执法，有足够的威吓力。若从成本看，优势更明显。比如 1000 家农户自己守林，哪怕投资 1000 万元，分摊到每户也就够买两部手机，而政府护林队若只拿出 500 万元，则可购买到先进的装备。两相比较，何者为优一眼就能看出。

最后说一句，财政取之于民，用之于民，而维权又是政府的责任。既然责任所在，请问政府还犹豫什么呢！

个人选择与公共选择

薛兆丰

公共经济政策应该尽量听取和顺应民意，这一观念几乎为全社会一致接受，并往往被视为不证自明的公理。本文将解释这一观念的缺陷，解释个人选择与公共选择之间必然存在的质的差别，从而主张应该尽量把决策交给市场交易，而不是交给公共舆论来定夺。

一、理性人假定

我们知道，经济学假定人是理性的，即人们能在(1)信息不完备和(2)约束条件的变动下，作出使个人利益最大化的决策。这个假定雷打不动。即是说，不管在生活中观察到什么解释不通的现象，经济学家都不愿打这个假定的主意，不说是人蠢所以才做了蠢事，而是尽量接受这个假定，并由此出发去寻找与(1)和(2)有关的原因。

确实经常有人怀疑理性人假定，但那往往是因为理解不透的缘故。比如，人们常说人会犯错误。但"理性人假定"其实从不否认这一点。相反，这个假定本身就考虑了"信息不完善"和"约束条件变化"这两个因素。也就是说，只要有某些信息是在决策后才被披露出来的，只要约束

作者系美国西北大学法学院博士后研究员、北京大学法律与经济学研究中心研究员。

条件在决策前后发生了变化,那么人就会犯错误。

事实上,除了“信息不完备”和“约束条件变化”外,人们还会处于不够理性的状态。这是因为,保持理性往往是件伤神甚至是痛苦的事情。若无必要,就不去操心。我们会为了几十元钱的差价在不同的商店之间奔波;但银河系的历史究竟是一百五十亿年还是两百亿年,则罕见有人操心。

人们总想随心所欲,但因为必须为自己的所作所为负责,所以才不得不尽量保持理性。这正是阿尔钦(Armen Alchian)在1950年的《莫测、进化和经济理论》一文中的深刻主题:不管人的主观上是否有意识地追求最大化,客观上只有那些成功地达到了最大化的人或集体才能在竞争中存活。

然而,当经济学家们把他们的视野,从生产和销售等属于个人选择的领域,延伸到政府职能和经济政策等公共选择的领域时,理性人假定给他们带来了很大麻烦。在消除这些麻烦的过程中,他们又进一步丰富和深化了理性人假定的内涵。

二、市场结果与民意结果的分歧

最早是斯密的《国富论》,指出私心能促进公益:“请把我所要的给我,你也会得到你所要的。这句话是交易的通义。我们所需要的互助,大部分是依照这个方法取得的。我们每天所需的食料和饮料,不是出自屠户、酿酒家或烙面师的恩惠,而是出于他们自利的打算。我们不说唤起他们利他心的话,而说唤起他们利己心的话。我们不说自己有需要,而说对他们有利。”

多年后,当弗里德曼(Milton Friedman)在《我,铅笔的故事》的序言中,以铅笔为例赞叹市场的美妙时,他写道:“成千上万的人卷入了生产铅笔的过程中。没有一个人坐在一个中央办公机构发号施令,也没有军警来执行这些无人发布的命令。这些人生活在不同的地方,讲着不同的语言,信奉着不同的宗教,甚至可能彼此憎恶。令人叹为观止的是,铅笔却在源源不断地被生产出来。”

哈耶克(F.A.Hayek,“知识在社会中的应用”)把这一奇妙的过程,归功于价格。他解释道:价格有三个作用:一是传递信息,二是激励最有效的生产,三是分配产品。市场上每个人都根据价格所蕴涵的信息,选择生产方式和调整生产节奏,并以社会成本最低的方式分配产品。用现代经济学的术语来说,就是每个人都时刻进行着“平衡边际”的盘算。当每个人都最大化地利用其资源时,全社会的资源也自然达到了最大化的利用。

然而,反观公共领域,情况却不尽如人意。准确地说,是不如经济学家之意。经济学家们发现,大量理论上和实践上都站不住脚的经济政策被反复推行,如最低工资法、贸易壁垒政策、惩罚性关税和紧缩配额制度等;而大量早被证明是利大于弊的经济政策,如民营之于国营、货币补贴之于实物福利、民间办学之于公营办学等,前者却一再遭到质疑和阻碍。

这是为什么？为什么在市场领域,个人选择的最优化,能导致总体选择的最优化;而在公共领域,政府顺应民意作出的决策,却与经济学家的理想状态背道而驰?“个人选择”与“公共选择”的结果差异,困扰了公共经济学家半个世纪。

三、“珠宝进、不当加工、垃圾出”之说

前面已经解释,经济学家绝不轻易假定是人蠢。何况,要说人们在市场领域是聪明的,到了公共领域就变笨,那似乎说不通,这样的解释丧失了逻辑上的一致性。所以经济学家们不得不仍然坚守理性人的假设。同时,他们把目标瞄准了公共决策机制。

这一时期的经济学家，即早期的"公共选择"学派经济学家，倾向于把症结归咎于民意的整合机制，尤其是民主选举和官员任免机制。他们指出了这个机制的诸多毛病，尤其是它歪曲民意的缺陷。这些经济学家总结说，不是人们愚蠢，而是汇总民意的机器有问题，所以才产生了不良的经济政策。这就是所谓的"珠宝进、不当加工、垃圾出"之说。

就拿贸易保护主义政策为例。根据经济分析，贸易保护主义的必然结果，是广大消费者受损，高效率的进口厂商受损，以及国内低效厂商得益，而净社会效益是亏的，因为国内低效厂商所耗费的资源，本来可以而且应该转到更有益的其他生产用途上去。但是，为什么大部分国家和地区的贸易保护主义政策总是挥之不去？

早期公共选择学派认为，真正影响公共政策的，是那些能从公共政策中获取巨大好处的利益集团。由于广大消费者不仅非常分散，他们往往互不认识，而且其单独受到的损害并不够大，所以几乎不可能联合起来影响经济政策。至于国外的厂商，也因为不容易联合和缺乏他国国内的行政资源，不容易在别国造成政策影响。相反，因贸易保护主义政策而得益的国内厂商，则不仅数目少，易沟通，而且获益巨大，所以有很大的积极性通过各种游说的办法来取得对自己有利的经济政策。

四、"珠宝进、适当加工、珠宝出"之说

然而，早期公共选择理论的解释，却遭到一些把芝加哥学派市场理论贯彻到底的经济学家的有力批评，为首的是威特曼(Donald Wittman)教授。威特曼在1995年出版的《民主失败的神话》一书中论证：政治市场与经济市场一样都是有效的。

威特曼指出，即使民意汇总机制和官僚机制存在缺陷，选民也仍然有充分的办法纠正这一缺陷，从而保证政府机构能产生优良的经济政策。以学生考试作弊为例。我们当然无法全程监察每个学生是否作弊。

必须承认，这是监督机制的缺陷，但这绝不意味着监察者就因此束手无策。最简单的办法，就是一经发现就加倍惩罚。越难发现，惩罚倍数就越大。

这恰恰就是市场解决信息不对称问题的基本原理。在超市，人们拿起牙膏就去付款，可他们谁也不是化学家和牙医，根本就不知道牙膏的确切成分和生产过程，而且都是互不认识，即使因为牙膏质量偏差，其受损也往往是轻微的。但市场恰恰通过厂商的商誉，以及他们的商誉受损将招致的巨额损失，迫使了厂商自觉地维护了牙膏的质量。

没有理由认为这个机制不适用于公共事务。事实上，人们对政治人物的道德品质要求特别高，对其丑闻也特别关心，就说明了公共领域和市场领域一样，也存在加倍的惩罚机制。政治会出问题，市场也会出问题，但既然都有合理的惩罚机制，那么长期而言，那些顺应民意而产生的公共经济政策，就应该跟顺应消费者而产生的商品一样，是优质和与民意相符的。这便是“珠宝进、适当加工、珠宝出”之说，即民意是理性的，汇总民意的机制也是好的，产生的政策也是好的。

五、“垃圾进、适当加工、垃圾出”之说

威特曼的理论令传统公共选择学者非常不安，因为他们一下子被逼到了“三难”境地。他们既不愿意擅自改动理性人假设，把人说成是不理智的，又无法接受那些他们一直视为不良的公共经济政策，把他们说成是与广大人民的切身利益相符的，而他们也无法反驳威特曼为政治市场的效率所作的辩护。

时隔不久，他们找到了突破口。在1997年出版的《民主和决策》一书中，布伦南(Geoffrey Brennan)和罗马斯基(Loren Lomasky)另辟蹊径，彻底改变了人们对公共政策发表意见的动机的理解。

过去，公共选择学者们把人们对公共政策表达意见的行为，理解为

一种投资行为,即人们之所以对公共政策发表意见,是想以自己的言论来改变公共政策,从而使自己将来得到某种好处。现在,布伦南和罗马斯基反其道而行之,认为人们对公共政策表达意见,是"着眼于当前的精神上的消费行为",而不是"着眼于未来的实物上的投资行为"。人们通过公开表达自己的观点,显现自己的品德,达到标榜的作用。这对他们来说已经够了,这就是他们的主要目的;至于以后在实物或金钱上能有多少实惠,那不在斤斤计较的范围内。

进一步,凯普兰(Bryan Caplan)在2007年出版的《理性选民的神话》中通过实证数据证明,大部分人对经济问题的看法,都与职业经济学家的看法存在显著的差距。无论这些人具备哪一种特质,无论他们属于哪个组别如贫富、性别、种族或党派,他们都与职业经济学家的思维保持显著的距离。只有教育程度的提高,能让人们的想法与经济学家的想法比较接近。但尽管如此,差别仍然是显著的。这是说,经济学家是一群独特的人,而只有接受经济学训练,才能使一个人具有经济学家的思维特点。

以此为基础,凯普兰认为大部分人对公共政策所发表的意见,是与其个人在市场上的行为存在显著差异的。也就是说,人们会说一套为了标榜,做一套为了实惠。有些人赞成保护民族工业,但他们自己却去买进口货甚至是走私货;有些人积极参与节水公益活动,但自己坐飞机旅行则从来没有迟疑过;有人爱跑去非洲关心那里素不相识的穷人,但跟自己的邻居甚至是配偶却相处不来。重要的是,他们甚至没有意识到两者之间的矛盾。

这样,公共选择理论家们便为其三难境地找到了出路,终于能够自圆其说地解释"为什么不良公共经济政策挥之不去"的难题了。也就是说,人首先是理性的,这个经典假设不需要改动;但要补充的是,人们在市场上作个人选择,由于必须自己付出全部代价,也必须自己承受全部结果,所以他们不得不格外谨慎和克制。然而,人们在公共领域作选择,则由于既不需要付出足够的代价,也完全无力影响公共政策的选择,所以会理性地把“放纵情绪和标榜自我”作为他们在公共生活中的主要追求。这里,“理性人假定”丝毫未改,而只是被深化了——如果无须负责,人们会理性地去随心所欲一番。人人如此,公共舆论就会偏向那些效果不良的公共经济政策。为什么说这些经济政策的效果不良?因为它们带来结果,若由市场来处理则是不会出现的。这是“垃圾进、适当加工、垃圾出”之说了。

由此推断,要减少不良的公共经济政策,最好的办法还不是听取民意,而是一开始就避免把问题交给民意。我们应该先问“市场能不能解决问题?”如果可以,就让市场的“个人选择”来取代社会的“公共选择”。消费者到底要购买哪个厂商的商品, 这个问题本来就可以而且应该让每个消费者来作选择,而不应该把“要不要民族工业”的问题交给民意,再让公共决策机制按照民意来决定。同理,教育、保险、医疗、住房等问题,也都可以尽量交给市场,由每一个消费者独自作决定。只有这样,才能尽量避免公共经济政策因民意放纵而产生的偏差。

由蚂蚁世界有序交通想到的

刘春雷

比起蚂蚁世界的有序交通,人类真是自叹弗如!也许有人觉得,蚂蚁小,空间大,自然不存在交通拥堵问题了。但当你看到德国德累斯顿工业大学(Dresden University of Technology)专家德克-赫尔宾(Dirk Helbing)博士关于蚂蚁群体智能方面的研究和成果时,你就不得不叹服蚂蚁世界的交通效率了。据英国《每日电讯报》报道,德克-赫尔宾在公布研究成果时,说明了研究蚂蚁交通问题的预设条件:首先在蚁巢附近摆放一些蚂蚁喜食的糖果,然后在蚁巢与糖果之间建立两条宽度不等的通道。令人称奇的是,在较窄的通道开始拥挤时,蚂蚁能够很快传递信息、改变运动轨迹并达到有序状态。研究团队发现:一只从拥挤的通道回巢的蚂蚁遇到另一只准备出发的同伴时,会将新来者推向另一条通道;倘若那只回程蚂蚁路上没有拥挤问题,就不去改变新来者的方向和路径。结果在捷径拥塞之前,新上路的蚂蚁会爬向另一条通道。这蚂蚁世界简直成为人类汽车交通可望而不可即的"理想国"。

作者系海通证券股份有限公司经济学博士。

一、“不患寡而患不均”

城市交通资源的分布远比蚂蚁世界复杂和不平等。从空间上的一点运动到另一点，蚂蚁的运动方式是“平等”的，所有的蚂蚁都是以自身能量爬行，没有车这个使用化石燃料并污染空气的交通工具；集聚于城市的人们则分为有车族和无车族，有车族与无车族在占有使用资源上的不平等，直接导致交通效率的低下和交通事故。

据世界卫生组织（WHO）2009 年 6 月 15 日发布的《道路安全全球现状报告》（Global Status Report on Road Safty），全球每年高达 127 万人死于交通事故，其中 46%为“弱势道路使用者”（Vulnerable Road Users），即行人、骑自行车和摩托车的人。中国的道路使用者死亡人群中，有 26%是行人，9%是骑自行车者，28%是骑摩托车人员，三类“弱势道路使用者”占道路使用者死亡人数的 63%。可见，中国交通资源的初始分配更有利于有车一族，城市交通组织方式的安排是以机动车行驶为取向的，并沿着提高机动车交通效率单一路径进行交通资源增量调整。令人不安的是，中国这样一个人多地少的发展中国家，并没有充分利用后发优势，吸取发达国家交通拥堵的教训，如蝗虫般增长的汽车，在吞噬着城市空间。2009 年 10 月 20 日，随着一辆金橙色解放 J6 下线，2009 年的第 1000 万辆汽车在长春一汽诞生。据中新网报道，公安部交管局的统计资料显示，至 2009 年 8 月底，我国机动车保有量已经超过 1.8 亿辆。国人在沾沾自喜于汽车大国的同时，是不是也应对汽车几何级数的增长抱有几分忧患？如果说计划生育的理由是平衡自然资源供给与人口资源需求关系，那么，汽车的生产与使用不也如无节制的生育一样可怕吗？

二、"低碳交通"

无孔不入的市场经济生活方式正在将汽车这一昔日的奢侈品变成必需品，这种转化是"圈子"里多数人对少数人潜移默化的要求，拒绝私家车几乎如同拒绝手机、电话一样困难。汽车文明压倒性地驱赶着寻常百姓进入有车族，尽管相当多的人并不情愿，或者相当多的家庭资产负债情况业已恶化。难道城市文明必须表现为汽车文明，抑或汽车文明是城市文明的前提？难道"城市让生活更美好"的序幕是"城市让交通更拥堵"、"城市让空气更污染"吗？必须发展符合"低碳经济"(Low-Carbon Economy or Low-Fossil-Fuel Economy)要求的城市交通！

"低碳"城市交通要走两端的路线：一个是高端路线，即以利用人们的奢侈性消费心理，催生低碳交通工具。如今，汽车几乎成为必备的社交工具，甚至"道具"了。看来有必要开发一种更奢侈且不消耗化石燃料的代步工具，哪怕是人力驱动，只要价格足够昂贵，能提升使用者身份、创造主人的良好感觉，人们就对这种"低碳交通工具"趋之若鹜！另一个是低端路线，鼓励步行与使用自行车。不合理的、贪大求洋的新城、新区规划，也是人们出行越来越依赖机动车交通的重要原因。政府应拿出具体可行的措施鼓励步行与自行车交通。林荫道、过街天桥、自行车专用道等都是不需要复杂工程技术的改进手段。我们真的那么忙吗？真的连走路上班的时间都没有了？真的到了只争朝夕的地步？之所以拒绝走路，除了自身惰性、空气污染等方面的原因，一个重要的因素就是步行不方便，缺乏便捷、舒适的步行道路。比如，在上海陆家嘴地区，从中国银行大厦步行到近在咫尺的金茂大厦，没有十几分钟是不可能的。

三、"漂白黑车"

以大公交新思维看，城市规划与制度设计并没有最大限度开发与使用公共交通资源。对于公共交通的理解，不应只是局限于公共巴士与地铁，还应该看到出租车与私家车的公共使用所带来的交通资源。衡量一个城市的交通效率，不能只看这个城市的道路是否畅通(一些道路宽而车辆少的新区不见得交通效率就高，可能是交通资源的闲置与浪费)，更要看这个城市的道路上运行的车辆空驶率、停车、低速等待通行的时间等指标。也就是说，既定的交通资源(包括一定时间)应产生更大量的客流与物流。大排量的小汽车乘坐一个人的交通效率显然低于乘坐两个人的小排量小汽车；同等距离，更长的交通时间效率更低；变化莫测的交通标识只能增加违规次数和交通拥塞程度。

基于大公交思维，要提高城市交通效率，除了道路设计合理以外，还应该最大限度地发挥车辆的使用效率。黑车之所以成为黑车，主要动因就是可以获得高于正规运营车辆的暴利。现有车辆管理制度是实施出租汽车特许经营，准许政府组织(公司)通过运营牌照的垄断方式收取管理费。导致出租车司机需要耗费较多的工作时间突破盈亏平衡点(有的城市出租车连续工作24小时中，有12个小时的毛收入用于对冲每天的“车份儿”)。为什么不能反其道而行之，不收取管理费，甚至给予补贴，让“黑车”变“白”，不仅可以省去庞大的监管费用，而且可以让使用效率远远低于出租车的私家车补充大公交的不足。在都市的繁华地段，你可能花上半个甚至一个小时也打不到一辆出租车。说明城市的出租车资源被严重压缩，供给远远小于需求。不要担心车多了不挣钱，因为交通资源市场属于供给瓶颈，会自动出现有利于出租司机的均衡点。加上不收管理费甚至倒过来发放补贴，用统一的信息共享网络降低空驶率，再多的出租车也会赚钱。

除了通过制度设计，用市场的力量“漂白黑车”外，还应再出台鼓励私家车加入公交体系的政策，并给予必要的信息网络方面的技术支持。挖掘交通资源，提高交通效率，让私家车乘坐陌生人，有两方面的问题需要解决:一个是安全问题,车主与搭乘者(确切地说是有偿搭乘)彼此不信任。具有公信力的网络认证,可以将搭乘者与愿意别人搭乘的车主的个人信息录入信息库,并通过互联网技术验证身份;另一个问题是交易撮合。搭乘如果成为真正的"搭便车",就不具有可持续性,多数人毕竟不是搞慈善,不愿意自己的私车无偿给陌生人带来便利。需要由政府定收费制度,明确搭乘行为是一种交易行为,并给出简单、具体的交易结算办法。除了交通高峰时段,交通资源的潜在空间仍然很大。一方面,现在有的交通管理仍然比较落后,改进的余地较大。即使在既定的交通硬件不变的前提下,仍然可以通过改进道路标识提高通行效率。那些迷宫一样的立交桥是不是可以多一些简单且醒目的标识呢?另一方面,提高那些私家车拥有者的公交消费倾向,大公交的便利化是关键。中国大都市在公交上的投入不可谓不大,但性价比似乎不尽如人意。你看,地铁走廊布满了商铺,长距离的绕行换乘线路大大降低了人们使用公交的愿望,宁可乘坐小汽车出行。

四、"N+1"恶化选择

充满道德感伤地流连过去的好时光是对文明理解的错位。汽车文明势不可当,指望政府计划管住泛滥的小汽车,恐怕有些理想主义。问题的关键是如何避免"N+1"恶化选择?有若干种选择,N 好于 N+1,数量庞大、相互不信任的群体内部的非理性博弈结果,一般会是 N+1。这大概是"经济人"与蚂蚁的不同之处吧。要知道,群体承受非理性的阈值要远远高于个体,对汽车尾气污染、交通拥堵等带有外部性特征的问题更是这样,群体包含的个体数量越多,非理性程度越严重。大城市的空气污染、交通拥堵之所以严重,不能从量的算术加总意义上找原因,而要从群体非理性选择上找原因。

要避免在降低社会效率的同时,也降低个体效率的"N+1"选择,需要在系统最坏的状态到来之前，遏制局部的劣化选择行为。比如沿途录像，尽量不留死角；处罚最先加塞者、违规并道者；交通组织更为科学，不同交通区域的合理匹配等。明白这个道理，就明白“胡萝卜加大棒”的意义。2009 年上半年，我国共发生道路交通事故 10 万余起，造成近 3 万人死亡，12 万余人受伤(不含瞒报、漏报的数据)，远远高于全球平均水平。可见，仅仅明白“胡萝卜加大棒”是不够的，还应明白“胡萝卜”与“大棒”的主次，对于日益严重并呈加速趋势的交通拥堵和交通肇事，似乎更该多一些大棒，如重罚或永久取消某些恶意违规者的机动车驾驶资格、相关立法及司法解释更有利于保护“弱势道路使用者”(不是社会地位或财富意义上的弱势群体)。现在有一种很不好的倾向，滥用“以人为本”，交通肇事者与受害者之间的协商与经济补偿对司法判决的影响权重在增加。那些恶意违规、践踏交通秩序的肇事者，危害并不局限于直接受害者本身，已经外化到整个社会当中，具有极强的负外部性，即使完全得到了受害者及其家属的谅解，也不能说明肇事者已经补偿了“社会范围的损害”，如对下一个潜在肇事者的怂恿，进一步刺激人们竞相购买大排量、高底盘的 SUV(据说驾驶此类车辆在交通肇事中存活的概率更高)等等。

五、聪明+短视+自私

众多的蚂蚁行动在狭窄的通道里也能井然有序，除了生物学的因素之外，还有一个类似人类“社会规定性”意义的前提，那就是每只蚂蚁都“不自私”，即使改变路线可能要花费更长时间，蚂蚁仍愿意忘我工作，有效地搬运食物。正是因为蚂蚁能够“无私”地让有限的资源高效分配，蚂蚁世界才没有交通拥堵问题。人不是蚂蚁，人比蚂蚁聪明，但聪明的人对个体效率(特别是与另一个体的比较效率)度量“太经济”了，以至于“太近视”了。尽管人人几乎成为“会呼吸与行走的百科全书”，但也只是极端看重自我短期利益的“百科全书”，汽车外壳有如遮羞的面具，谦谦君子一样争先恐后，我动不了，也要挡住你。理性让位于情绪，交通秩序就这样被破坏了，每个聪明但非理性的自私个体在降低交通效率上都有“贡献”。

既然没有办法让人像蚂蚁那样“高尚”起来，就只有运用技术手段和制度安排加以制约或引导。比如，处罚众多的车辆违章成本过高，如不按规定并道、礼让不够等，几乎到了以罚代管的地步，给人花钱买违规的感觉。为什么不可以通过给长期驾驶而不违规的人奖励的办法提高交通效率呢？那些行驶过程中一直守规矩，即使在没有交警和摄像头监督的情况下“慎独”的人，应当得到物质与精神奖励。

地方政府，特别是人口密度大的地方政府，必须限量发放小汽车牌照。要事前调控，不要等到高峰期交通几乎瘫痪时再采取强力措施。让人百思不得其解的是，为什么具有公共交通属性的出租车牌照价格远远大于私家车，上海车牌的投标价格不过几万元，也远远没有起到有效遏制拥堵的作用。无论从交通资源公平分配，还是从交通效率优化看，城市都应根据自身交通状况以及停车位数量发放牌照，让车牌的稀缺程度体现到车牌价格上，并实施以私家车牌收入补贴包括出租在内的公共交通的策略。同时，周边城市联动，尽量减少或避免异地上牌照现象。

一个人用捡西瓜的方法捡芝麻，还是用捡芝麻的方法捡西瓜，只是量上的差别，并不带来方法论上的革命。改变城市交通日益恶化的趋势，必须改变对传统路径的依赖，从固有的思维定式中走出来。让更便利、更经济替代更气派、更奢侈；让整体的、长远的利益替代局部的、短期的利益；让交通资源为更多的道路使用者服务，而不是为汽车使用者服务。从这一点看，交通资源的公平与效率是统一的。实现交通资源的公平与效率的统一，不怕慢，哪怕如蚂蚁搬家，只要路径正确，就会有美好的归宿。

羊群效应与经济危机的根源

王玉霞　唐志军

现实生活中，羊群效应比比皆是。选择餐馆时人们愿意选择最热闹、顾客最多的地方，网上冲浪时喜欢浏览点击率最高的网站，看电影时也会选择票房排行较好的影片……至于投资决策时，羊群效应就更加明显了：基金经理在决策时往往会跟从其他基金经理的一致选择，中小投资人的投资决策更会依赖"大户"的投资决策。可是，根据别人释放的信号作出自己的决策是否真正能够帮助我们作出正确的选择，减少我们决策时的风险呢？抑或是羊群效应本身就是造成投资的高风险和股市剧烈波动的根源呢？

一、社会普遍化的羊群效应

"女友离开的一个午后，阿甘望着自己美丽的花园静静地发呆，突然，他开始奔跑。奇特的是，尽管阿甘一言不发，甚至不知道自己为了什么一直奔跑，但是当他四次穿越美洲大陆后，逐渐有人追随他的脚步，慢慢地人越来越多，后来有一群人跟着他一起奔跑。当他最终停下来，说自己太累了要回家时，那些人自动退开一条路，但是却不知该何去何

王玉霞，东北财经大学经济学院教授；唐志军，怀化学院经济系教师。

从。”电影《阿甘正传》所刻画的奔跑画面，正是戏剧化了的羊群效应。

“羊群效应”一词源于生物学对动物聚群特征的研究，在生物学领域，用“聚集强度指数”来定量描述动物的聚群行为。生物学里存在这样一个有趣的现象：在一群羊前面横放一根木棍，第一只羊跳了过去，第二只、第三只也会跟着跳过去；这时，把那根棍子撤走，后面的羊，走到这里，仍然像前面的羊一样，向上跳一下，尽管拦路的棍子已经不在了。法国科学家让·亨利·法布尔曾经做过一个松毛虫实验。他把若干条松毛虫放在一只花盆的边缘，使其首尾相接成一圈，在花盆的不远处，又撒了一些松毛虫喜欢吃的松叶，松毛虫开始一条跟一条绕着花盆一圈又一圈地爬。七天七夜之后，饥饿劳累的松毛虫尽数死去。而可悲的是，只要其中任何一只稍微改变路线就能吃到嘴边的松叶。

在人类社会，我们也和动物一样，有“随大流”的取向。单个行为人在心理上依附于大多数人的行为，以降低自行采取行动的成本，并获得尽可能大的收益。英国著名经济学家凯恩斯有一句形象的描述：“投资就像是选美，只有跟随大众的品位才能有所斩获。”早在1936年，他就发现了投资活动中的非理性羊群效应问题，他指出：“在投资收益日复一日的波动中，显然存在着某种莫名的群体偏激，甚至是一种荒谬的情绪在影响着整个市场的行为。”这种在已有的社会公共信息（市场压力、市场价格、政策面、技术面）背景下，市场参与者观察他人行为并受其影响从而放弃自己的信念，做出与其他人相似行为的现象就是羊群效应。羊群效应一旦形成，就会有不断加强的趋势，更多人的加入增强了固有选择者的信心，同时向周围发出更加诱人的信号，吸引了越来越多的加入者。但是如果有特别强烈的反向信号出现，恐慌心理也开始连锁反应，这些人也会一窝蜂地逃离，一次性地扭转整个趋势。

延伸到金融市场，羊群效应是指投资者在信息不确定的情况下，行为受到其他投资者的影响，模仿他人决策，或者过多依赖于舆论，而不考虑个性化有效信息的行为。在金融市场中，由于羊群效应引起信息阻塞，使得投资者不能迅速、完整和准确地得到和利用有关某项资产的信息，资本市场的价格变动不是其内在价值的反映，而是“某种莫名的群体偏激”，以致出现了大量的价格泡沫和股价异常波动，引起传染效应并危及金融系统安全，极大地扰乱了金融市场的有效性和正常运行。其对价格信号的干扰造成了大量错误的资源配置，使得市场机制不能发挥应有的作用，而当局势出现逆转趋向时，投资者集体非理性的应对无疑又是雪上加霜。

如此令人深恶痛绝的羊群效应为何普遍存在于我们的生活当中？是我们基因中自带的从众心理还是迫于社会观念的无奈选择？“少数服从多数”和“真理往往掌握在少数人手中”究竟孰是孰非？下面是关于羊群效应成因的分析。

二、羊群效应何以形成

多数学者将羊群行为分为理性的羊群行为和非理性的羊群行为。一般认为，理性的羊群行为是一种投资者主动跟进的投资行为。而非理性羊群行为的投资者，往往缺乏对个股投资价值的分析和研究，没有自主明晰的投资策略，因此，不得不追随其他投资者行动的行为。这种投资行为在市场上有较强的传导效应，是一种被动盲从的投资行为。理性羊群行为的投资者多数能达到预期投资目标，而非理性羊群行为的投资者多数不能达到预期的投资目标。

(一)理性的羊群效应

理性羊群效应认为，由于信息获取的困难、行为主体的激励因素以及支付外部性的存在，使得羊群行为成为行为主体的最优策略。比较极端的理性主义者如美国芝加哥大学教授、1992 年诺贝尔经济学奖获得者加里·S·贝克尔认为：“人类所有的经济行为都是理性的，经济学家们之所以不能解释是因为他们情不自禁地用非理性行为、粗心大意、愚蠢行为、价值的特别改变等臆断说明他们解释不了的现象以掩盖他们知识上的缺乏，而这些臆断恰恰暴露了他们所掩饰的失败。”贝克尔的观点虽然比较极端，但是有的羊群行为的确有其理性考虑。

1.信息不对称

在市场中，不同的群体对信息的掌握是不同的，这样就在不同的交易者中存在着信息不对称情况，一些人掌握的多些，一些人知道的少些。在现实市场中，个体投资者没有获得准确、及时和有效信息所需的足够能力和成本支付，因此，他们相对于机构投资者而言，处于信息劣势。而社会心理学可控实验证实：当观察现实很模糊时，大众就成为信息源，或者说大众的行为提供了一个应如何行动的信息。因此普通投资者在信息不对称的情况下会依赖机构投资者的决策行为，这就如同后面的羊群并不清楚木板的情况，就会从前面羊群的行为来推测木板是否存在。这种无可奈何的从众行为其实是投资者在信息不对称之下的一种理性选择行为，目的是为了节约获取信息的费用。

2.理性的领头羊

毋庸置疑的是，第一只羊跳过木板的决策是正确的，甚至第四只、第五只跳过去也是理性的。毕竟之前的经验是：木板持续出现过，并且不能排除还会出现的风险。问题的出现在于，木板消失了一段时间后，后面的羊群未曾改变策略。领头羊的成功给予后面羊群诱惑，并经层层放大和传染，跟随着逐渐表现出非理性的倾向，进而达到整体的非理性。

3.基于委托代理产生的羊群效应

许多经济学家从委托代理角度提出了羊群效应产生的原因，包括委托代理人名誉、代理人报酬等内容。由于投资经理对自身名誉的担心，有可能会采取和其他代理人同样的投资策略。因为如果决策正确，他就能获得市场的美誉度；如果错误，也有许多其他代理人同样犯下错误。如果不同的代理人策略不同,他们就要面对委托人评价的风险。但是第一个投资经理的决策依据很可能是脆弱的,却影响了后面一系列为了维系名誉的投资者。另外有经济学家指出:如果投资经理的报酬依赖于他们相对于别的投资经理的投资绩效,这将扭曲投资经理的激励机制,并导致投资经理所选择的投资组合无效。因为投资经理会倾向选择和基准投资人相近的投资组合来维持自己的相对业绩。

(二)非理性的羊群效应

非理性的"羊群效应"往往被归于投资者的认知偏差,主要包括可得性偏差、选择性注意偏差、证实偏差和群体心理压力等。大量的调查研究表明,投资者所犯的错误中有70%是由内部心理因素引起的。这些复杂的心理作用,对决策的影响巨大又难以确切衡量。牛顿因为眼红别人在股市赚钱,而在股市泡沫高涨时买入,当泡沫破灭后,亏得一塌糊涂时说道:"我可以演算天体的运行,却无法理解人性的疯狂。"因而,牛顿也嘲笑自己是"最大的笨蛋"。

1.可得性偏差

可得性启发是指人们倾向于根据一个客体或事件在知觉或记忆中的可获得程度来评估其相对发生或出现的频率,即最容易想起的事件通常认为更常出现或发生,而不易记起的事物则认为是不常发生的。由可得性启发带来的偏差称为可得性偏差。这种偏差使得人们趋向于认为经常听到的观点发生频率更高,复杂的决策过程被大大简化。另外,可得性偏差还会影响市场参与者在许多方面的判断力,行为人经常会过高估计与他们持相同观点的人数。当投资者遇到两三位对交易有相同看法的投资者时,马上会产生占绝对多数的感觉,从而增加投资;如果偶然遇到持不同观点的投资者,那一般不会引起人的注意,此时,投资者并不调整其投资。

2.选择性注意偏差

投资者在投资活动中,经常需要把感知力、记忆力、思考力等集中在某个特定的投资对象上,这种把精力和资源投注到被输入的外部刺激上的过程称为注意。由于投资者认知的有限性,投资者总是选择性地收集和处理信息,称为选择性注意。行为金融学的研究显示:投资者在他们感知信息和事件过程中要进行选择,他们会从大量的数据信息中寻找那些适合他们个人信奉的对世界的理论解释和个人感知的部分。他们对某些信息或数据会看得很重,而这些会扭曲他们的预测。他们对与自己观点一致的信息评价会特别高,而对那些看法不一致的信息一般会看低甚至忽略,这种选择性感知是潜意识的无心而为。

3.证实偏差

人们有一种寻找支持某个假设证据的倾向,这种证实而不是证伪的倾向叫证实偏差。人们在对问题分析验证时往往极力去搜集可以证实的证据,对证实赋予过多的权重,较少努力寻找证伪的证据,对证伪赋予过小的权重。在证券市场上的投资者也是如此,当他们相信跟风是一种安全的策略以后,他们的注意力几乎就放在搜寻对跟随者有利的消息上,对正面消息特别敏感并且易于接受,对不利的信息或者证据视而不见,由此推动自己进一步盲目跟风,羊群行为加剧。

4.群体心理压力

社会个体在参与社会活动的过程中,会受到其他社会个体行为的影响。当其他社会个体纷纷采取与自己不相同的统一行为策略时,该个体便会感觉有一种无形的压力笼罩自己,开始怀疑自己的行为决策,而最终屈从大众行为。证券市场上的个体投资者也不例外,在市场无意识机制的作用下,心理上会产生一种本质的变化,会不由自主地失去自我意志,甘愿以群体精神代替自己的精神。这种让个体感受压力,对个体的心理产生作用的群体精神就称为群体压力。在群体压力的影响下,个体投资者不仅失去理性和个性，还喜欢听从权威，产生心理上的轻信、盲从、缺乏逻辑和丧失判断力，最后选择“安全”的跟风行为。

三、羊群效应与经济危机

自从资本主义世界在1825年爆发了第一次生产过剩的经济危机以来，资本主义市场经济就在繁荣与萧条的交替中波动前行。在现代经济社会中，货币、银行、金融是最重要的社会构件，金融作为最基本的战略资源广泛而深刻地渗透到社会经济生活的方方面面，在市场资源配置中起到了核心作用。与之相随的是金融不断超越实体经济发展而过度膨胀，危机频发，甚至引发、演变为经济危机。据不完全统计，1980年以来，世界上已先后有120多个国家和地区发生过严重的金融风险或危机，这些国家和地区为解决金融问题所直接耗费的资金高达3万多亿美元。

羊群效应一直以来都被研究者认为是引起金融市场动荡不安的祸源：李(Lee)、热尔韦(Gervais)认为羊群效应会引起市场追涨杀跌，内幕消息满天飞，市场得不到有效指引；勒克斯(Lux)、埃弗里(Avery)和曾斯基(Zemsky)认为羊群效应引起价格泡沫和股价的异常波动；西普雷亚尼(Cipriani)和瓜里诺(Guarino)认为羊群效应会引起传染效应及危害金融系统安全；卡明斯基(Kaminshy)、施穆克勒(Schmukler)和乔伊(Choe)等在研究中指出在东南亚金融危机中，外国投资者的羊群行为对金融危机起到了推波助澜的作用。

金融交易的杠杆化使得融资越来越便利，融资额越来越大；金融资产的证券化使流动性大大增强。这样资本市场的一点点异动便往往会带来可怕的“羊群效应”，使资本市场瞬间处于过强的买压卖压之中。20世纪80年代以来大规模的资本流动突然逆转引起股市和房地产市场的剧烈动荡，从而成为金融危机的源头。早在1996年美联储主席艾伦·格林斯潘在华盛顿发表的讲话中运用“非理性繁荣”一词来形容股票投机行为,表示了他对美国股市的担忧。索罗斯批判中也有"一边倒的随大流行为,是引发一场剧烈的市场紊乱的必要条件"、"羊群效应是我们每一次投机能够成功的关键,如果这种效应不存在或者相当微弱,几乎可以肯定我们难以成功"的评述。索罗斯认为,当羊群效应出现时,追随趋势行为加剧,市场的偏差会自我强化,从过度泡沫发展到过度超跌,最终形成市场的大起大落。

羊群效应表现在市场所具有的流动性积累到一个不可遏制的规模时,股市的巨大财富效应和随之对房市的推动在短时期内便演化为不可逆转的非理性投资热潮。在这种状况下,证券市场价格的高低不取决于所谓价值投资,而是取决于交易双方对未来价格的预期,最终形成了泡沫经济。轻微的泡沫经济会使资金不断地从实体经济流向虚拟经济,使实体经济因资金匮乏而逐渐衰退;严重的泡沫经济会造成经济结构的失衡以及实体经济的衰败,而虚拟经济却表现出欣欣向荣的景象。当价格高到离谱的高度而回落时,泡沫就会彻底被戳破。在股市下跌过程中,投资者的投资心理遭到重创,对股市和房地产等市场失去信心,而金融机构在股市和房地产市场投入的资金同样会遭受巨大损失。此时羊群效应再次发挥作用,一家银行的破产会造成整个金融市场的恐慌,储户的"挤兑"和投资者债权的索还,会使大批银行等金融机构破产倒闭,导致金融危机的爆发。一旦危机爆发,本来就已存在经济泡沫的国家更是雪上加霜,泡沫一经刺破,貌似繁荣的经济就会露出真实经济的本来面目,并在随后市场需求的剧烈萎缩下,真实经济也遭到重创,导致严重的经济危机。

四、如何减轻羊群效应的危害

1.投资结构合理化

目前,我国的股票市场投资者结构仍然是以散户为主的模式。据资料显示，在我国股市中散户投资者的投资比例占绝对优势，而在西方经济发达的国家，机构投资比例均在50%以上。要想拥有一个稳定的资本市场就要改变我国证券市场中的投资者结构，改变散户投资者占据我国证券市场主体的格局。中小投资者中的每一个体拥有的资金数量少，难以有效地收集、分析和追踪股市信息，也难以选择分散风险的组合投资。他们更容易出于无奈或者不成熟来跟随机构投资者的决策，或者轻信股评人的意见，盲目地跟风形成羊群效应并成为投机者的牺牲品。另外，由于中小投资者资金实力和运作能力有限且彼此分散，很难在股市中形成投资者之间的约束机制。那么，在一个不规范的股市中，就可能给个别机构投资者以不规范行为操纵股市提供可乘之机。证券投资基金的发展有助于改善以个人投资者为主的不合理的投资者结构。以理性投资为理念，进行分散化投资，受到严格监管和法律约束的证券投资基金，投资行为相对比较理智和成熟。目前我国股市机构投资者队伍还很弱小，影响力也相对有限，难以正确引导理性的投资理念。因此，发展机构投资者，完善投资结构，是防范“羊群效应”的重要措施之一。

2.引导投资者形成成熟的投资理念

由于我国散户投资者的财力比较薄弱，投资理念不够成熟，大部分投资者都是短线投资，很少做中长期投资。再加上股市评论和媒体宣传的推波助澜，所以当市场出现波动时，投资者容易受股评和媒体信息的左右，造成盲目跟随，加剧市场波动，使投资策略趋同，“羊群效应”成了市场的常态。没有成熟的投资者就没有健康的股市，因此应教育投资者树立投资而非投机的理念，多学习投资知识与技能，从而更有效地获取市场信息，做出理性的投资判断。股市中有句名言：没经过股灾的投资者不是成熟的投资者。希望经过更加长时间市场的教育和投资实践，甚至是股灾的洗礼，中小投资人会减少投资的盲目性，提高股海搏击的技术水平，争取投资的主动性，逐渐走向成熟。

3.规范信息披露，建立信誉机制

如前所述，市场信息不对称是“羊群效应”产生的一个重要的客观原因。我国股票市场处于发展的初期，政策市和消息市特征鲜明。国内不少相关文献也较多地从计量经济学角度说明了我国投资市场存在着弱有效性，即投资者只能根据历史信息进行投资策略的选择。同时上市公司信息披露不规范，使得一些投资者对于市场缺乏相应信息和了解，容易造成他们的观点摇摆不定，从而出现“跟庄”、“跟风”现象，也就是我们所说的“羊群效应”。因此，应进一步推进以市场规范和市场化为主旋律的制度革新，进一步建立“公开、公平、公正”的市场游戏规则。

另外，博弈论中的另一个重要因素是信誉，它在重复博弈中发挥重要的作用。通过若干次诚实交易建立的信誉维持稳定但不是超额的利润，或者通过最后一次性违约的收益来弥补前期履约的成本。股票市场目前面临着严重的诚信与道德危机。近年来，因为监管层对上市公司、中介机构及庄家的严厉查处，暴露出许多上市公司虚假包装上市与包装利润、信息披露失真、中介机构造假和证券欺诈、庄家操纵股市等问题，凡此种种造成了很多人为的“羊群效应”。因此，需要企业树立正确的经营理念，逐步建立诚信的长期信誉，减少投机和降低投资风险。

4.充分发挥羊群效应的正面作用

理性的羊群行为不仅可以降低投资风险，也可以满足自身预期投资目标。另外，理性地利用和引导羊群行为，可以帮助企业创建区域品牌并形成规模效应，从而获得利大于弊的较佳效果。寻找好领头羊是利用羊群效应的关键，同时要求产品具有良好的质量保证，也需要对产品的长期营销，能够真正得到消费者的信任，实现从冲动消费到理性消费的过渡。

REFORM AND DEVELOPMENT

打造国家形象的着力点

中国产业竞争力的演变趋势

保增长不能忽视调结构

经济适用房有待补偏救弊

打造国家形象的着力点

姜 波

世界上真有些事情竟是那么“不可理喻”!

在和平崛起道路上高歌猛进的中国，在尽自己所能为国际社会多做贡献(如在国际经济危机时确保人民币不贬值,向争端地区派出人数最多的维和部队,为解决全球性气候变暖慷慨承诺,大规模向经济落后的非洲提供援助、向国际货币基金组织积极注资等)的同时,在涉及本国利益的国际争端和外交事务中始终保持低调克制的姿态，积极倡导和谐世界的理念,着力打造和平正义、开放自信的国家形象。

可是,西方世界的人们似乎并不“买账”——在经历感天动地的汶川大地震的抗震救灾、在承办了“无与伦比”的北京奥运会之后,2009年9月美国皮尤调查中心在世界25个国家进行调查，其中13个国家中的大多数受调查者都认为,中国将会或者已经取代美国,成为世界上头号超级大国(2007年皮尤中心对美、英、德、法、意、西班牙和荷兰的调查中,除了荷兰,其他国家的多数受访者都认为中国给世界带来威胁明显大于机遇[1])。此前,英国广播公司(BBC)公布的一项调查结果显示,39%的国外受访者对中国持积极评价,同比下降6%;40%的受访者

作者系《经济日报》导刊部主任。

对中国持负面印象,同比增加 7%。按照 BBC 的说法,“国际社会对中国的负面评价首次超过正面评价。”[2]

好心竟不得好报!尽管对此我们不必过于在意,但人们应该深思,这究竟是为什么?

一、毁誉参半与大国宿命

美国政治学家布丁认为:国家形象是一个国家对自己的认知以及国际体系中其他行为体对它的认知的结合。[3]因此,一个民族国家的国家形象构建,一方面取决于国内的发展水平和社会治理情况,另一方面又取决于国际社会对该国的认知情况。在这里,国家形象传播的广度与强度是重要的,但更重要的是一国的真实国情。国家形象更主要的是一个自我塑造的过程。这是一个“表”与“里”的关系。本文侧重剖析“国际体系中其他行为体对它的认知”问题。

打造良好的国家形象,对内可以凝聚民心,使国民不仅为取得的成就与进步而自豪,而且自觉认同国家核心价值观,并为未来的“国家梦”而拼搏奋斗;对外“得道多助,失道寡助”,可以赢得尊重,减少阻力,获取更大的发展机遇和外部利益。

在现代,能得到国内外普遍认同的国家形象,不仅在于有着强大的可持续发展的经济力量、军事力量、科技力量和社会动员力量,不仅在于有着完善的法制、先进的文化、稳定的社会治理、优良的生态环境,更在于智慧地运用这些力量,实现社会的公平正义,激发人们的创新梦想,使国家的核心价值观得到国内外大多数人们心悦诚服的认同。

自 1648 年威斯特伐利亚条约生效以来,民族国家就一直是国际政治经济军事文化活动的基本单元,尽管一些国家的政权不断地“城头变幻大王旗”。在漫长的时光里,弱肉强食的“丛林法则”是获取主宰地位的单行道,为了扩大领土、财富、人口,强势国家不断地开动战争机器。

在这个“无政府世界”里，逐渐形成的经济全球化带来了日益频繁的资本、货物、人口、技术的跨国流动，却没有带来世界和平，利益的野心最终导致惨绝人寰的两次世界大战爆发。在那个西方世界主导的“强权即公理”的时代里，武力强盛就是最大的国家形象。尽管在第一次世界大战后，有过什么“巴黎和会”、“国联”等所谓世界和平的招牌式举动。

“二战”后的六十多年，是人类社会难得的长时间世界和平时光，虽说局部小规模战争从未间断。在当今的国际割据里，世界老大的美国成为战争的最大策源地：朝鲜战争、越南战争、阿富汗战争、伊拉克战争……不过，这些都是局部战争；在一些大国都拥有核武器的“恐怖平衡”的时代里，随着联合国、世界银行、国际货币基金组织、世界贸易组织、国际原子能机构等国际组织日益发挥作用，尽管美国目前处于经济军事政治的超强地位，但恐怕也没有胆量发动世界规模的大战。从当年“古巴危机”、“中东危机”等美苏之间几次剑拔弩张战争一触即发到最后相互妥协退让，就可以说明这一点。

世界大战几乎是不可能发生了。在这个和平与发展的时代，尽管经济政治文化等日益全球化，国际组织也日益发挥巨大的作用，而且出现了像欧盟这样的“超国家”的政治形式，但民族国家仍是基本单元。不过，人们对国家形象的认知发生了巨大的变化。正因为如此，“和平演变”、“文明冲突”、“硬实力、软实力、巧实力”、“普世价值”等政治主张和思想体系，便应运而生了。正因为如此，利用一切手段打造良好的国家形象，就成为许多国家共同的自觉行动。

然而，似乎事与愿违。那些不遗余力塑造自己国家形象的大国不仅没有获得交口称赞，反而批评指责的舆论不绝于耳。自诩“其统治力度和疆域比当年罗马帝国还要辉煌”的美国，是当今国际政治经济秩序的主要制定者，是目前世界学术与技术的主要创新地，并动用巨额人、财、物力推行所谓的“美国价值”，但全世界反美浪潮从未停歇过。苏联以“二战”胜利者的姿态构建了东欧阵营与欧美对峙，但随着柏林墙的倒塌，不仅使“华约组织”分崩离析，而且就是当年苏联的十几个加盟共和国“兄弟们”，至今大都与俄罗斯剑拔弩张，可见苏联这个超级大国的国家形象是多么糟糕了。英国的唯美国马首是瞻、法国的没落贵族式挣扎、德国的傲慢与保守、意大利的黑手党横行等，都遭到了国际社会的谴责。至于日本在美国《时代》周刊的国家形象调查中几年居世界第一，大可不必太较真儿，因为那个调查只是针对美、日、朝鲜、伊朗等十二个国家，不过是“矬子里面拔将军”而已。

纵观当今世界，国家形象最好的竟是那些似乎“与世无争”的中小国家。瑞典、芬兰等北欧国家，他们在国际社会的声音并不大，也没有自己的势力范围，也几乎不搞价值输出，但他们出色的社会治理、良好的国民素质、高福利条件下的技术创新、为节能减排的自觉行动、对不发达国家的慷慨援助等，得到了全世界的高度评价。几百年恪守中立的山地小国瑞士，除了银行保密制度受到质疑外，其国家形象上几乎没有什么“污点”，所以，瑞士不仅是人们向往的“度假天堂”，而且成为各种国际组织的聚集地。在中国和印度之间崇山峻岭中的“云中国度”不丹王国，经济发展水平并不高，但人们乐观豁达的生活态度、路不拾遗的社会风气、保护完好的生态环境，仿佛是传说中“最后的香格里拉”……

这倒也没有什么奇怪的。第一，各大国在打造国家形象的过程中，确有履行国际义务的成分，但更多的是以在国际事务中谋取私利为出发点的，常常带有附加条件，岂能让人心服口服？第二，历史是人民创造的，但世界历史往往是一些大国之间抗衡较量协调妥协的过程，其底线就是国家利益，一个自私的人却要让别人心服口服，岂不是天方夜谭？第三，即使某一大国完全是“一碗水端平”地去调停某一国际争端，但所谓“双赢”或“多赢”的皆大欢喜的事情太少见了，吃亏的一方必然要迁怒于调停者。就好比在一个股份公司里,能得到上上下下一致好评的董事长或总经理实在太罕见了,而一些中低层干部和普通员工往往人缘极佳。越是更多地参与决策和执行,就越容易得罪人,也就越容易受到诟病,尤其是老大!前些年非洲卢旺达发生种族屠杀,上百万人死于非命,事后国际社会有舆论认为,悲剧之所以发生,很重要的原因就是美国不负责任没有出面制止。索马里发生政府军与反叛武装之间的战争,美国出兵了,死了一些人后撤退了,不仅遭到了耻笑,而且被指责是干涉内政。

2007 年 11 月底在伦敦的《泰晤士报》编辑部,笔者问其总编辑汤姆森先生,“我们很好地抑制了物价上涨,你们说中国输出通货紧缩;我们经济持续高速增长,你们又说中国输出通货膨胀;我们扩大出口,你们指责中国倾销;我们控制焦炭等高污染产品出口,你们又说中国违反 WTO 规则……难道我们中国做什么都是错的?”这位曾常驻过中国、日本、美国的资深记者笑了,“这是大国的宿命!不必过于在意。当然,有些关于中国的负面报道是不真实的。一个国家强大了,必然会引起关注;越是有影响的国家,负面新闻就越多。20 世纪八九十年代,关于日本的负面东西就很多。现在,美国人也常抱怨,英国人写了太多的负面报道。”

汤姆森总编辑的话只说对了一半。恐怕任何一个有良知的人都不会否认,西方媒体对中国的负面报道,固然不乏出于传播特点及职业驱使的动机,但也的确存在一定的对中国“妖魔化”的倾向。不过,对于转型与崛起过程中引发的种种国际舆论评价,中国大可不必拍案而起,而应该摆脱“历史悲情”,以大国的平常心去坦然面对。

二、外在形象与内在根基

一个民族国家的形象构建,与特定的历史传统、民族特性、地理环境等有着某种自然渊源。

如一提起希腊，大多数人会自然联想到古代城邦文明和现代奥运会；一提起沙特，大多数人会自然联想到丰富的石油资源和根深蒂固的伊斯兰文化；一提起俄罗斯，大多数人会自然联想到疆域辽阔、冰天雪地、生猛剽悍；一提起日本，大多数人会自然联想到国土狭小、点头鞠躬、历史上发动残酷战争……尽管时代在快速发展，但这些印象长久不会消退，成为国家形象建构的"历史的遗产"。

一个民族国家的形象构建，在信息空前发达的现代社会，与新闻传媒力量的强弱密切相关，尽管传播的结果与事实真相常常背离。几百年来，的确有一批善良的媒体工作者们"铁肩担道义，'辣'手著文章"，追求客观公正地报道事实真相以成为"社会的公器"；但在现实生活中，尤其是在国际事务的传播中，真正的公平正义是凤毛麟角的，人们往往自觉不自觉地受制于国家利益、阶级属性、意识形态。

几乎可以这样说，自现代传媒诞生起，西方发达国家就凭借着绝对优势，垄断了国际事务报道的"话语权"，国际信息的传播往往是西方国家的"单声道"。他们通过先入为主的传播，高扬、渲染、美化、粉饰自己，而打击、歪曲、诋毁、丑化别国的国家形象。明明是一伙暴徒打砸烧杀，制造了骇人听闻的拉萨"3·14"动乱事件，但经过西方媒体的"传播"，却成了中国军队镇压西藏宗教民主的"暴行"。2003 年 4 月美军攻占巴格达，明明一些士兵伪装成平民拉倒了萨达姆铜像，但在美国媒体的报道中，却成为饱受暴政苦难的伊拉克人民发泄怒火的行动。争夺国际事务的"话语权"，是构建良好国家形象的重要手段。正因为如此，"要积极主动开展国际舆论斗争，及时回应国际社会对我的各种关切……以中国视角，发出中国的声音，扩大我新闻宣传的国际影响力。"[4]

一个民族国家的形象构建，与国家间的利益博弈密切相关。尽管经济全球化时代大潮不可阻挡，但民族国家仍是国际事务的基本单元；尽管资本、货物、技术、信息、人才的流动，往往带来双赢或多赢的结果，但“蛋糕”不可能无限大。人们在为自己争夺利益时，往往找出一些冠冕堂皇的理由，美化自己诋毁对方，势必影响到他国形象。

西方国家是用国际关系的零和游戏思维看待中国崛起的。中国的快速崛起，给世界的进步与发展带来了空前的活力与机遇，但客观上却改变了现有的世界格局，使一些国家的传统利益受到影响，起码是国际地位相对下降。正如《历史的终结》一书的作者弗朗西斯·福山所言，“中国崛起是一个国际权力再分配的过程。”[5]这就是中国将取代日本成为世界第二大经济体在日本引起的舆论要远远强于中国国内反响的原因，这就是新加坡资政李光耀专程到美国游说加强对中国的遏制的原因，这就是俄罗斯一些人反对向中国大量出口石油等资源产品的原因，这就是印度一再叫嚣中国威胁的原因…… “没有一个亚洲国家对一个日益强大的中国感到完全舒服。”[6]“反倾销”是世界一些国家对中国实行贸易保护主义的重要手段，而中国加强出口管理，尤其是焦炭和稀土等高污染产品的出口管理，不管是对解决贸易不平衡，还是减少排放污染，都是天经地义的好事，可是美国等西方国家却偏说这违反世贸组织规则，尽管美国本身有丰富的稀土资源却并不开采。一些国家就是这样，一方面尽情享受中国崛起所带来的机遇与利益，另一方面却不断向中国施加各种压力，以延缓或遏制中国崛起的步伐。国家间的利益博弈不可避免地将持续着，为了谋取利益而构建国家形象的斗智斗勇也将持续着。

一个民族国家的形象构建，与这个国家在重大问题的决策与行动密切相关。大凡适应时代潮流的举措，必然在国际社会提升国家形象。中国坚持改革开放的基本国策，最大限度地适应了时代潮流，空前地提升了中国的国家形象。2009 年 9 月 22 日胡锦涛主席在联合国气候变化峰会上的讲话中，就事关人类生存和发展的气候变化问题所作的承诺，赢得了全世界的交口称赞。《纽约时报》9月27日刊发专栏作家托马斯·弗里德曼的评论，“中国同时也已悄无声息地踏上一条利用清洁能源发电的创新之路。其现实意义不亚于苏联当时发射首颗人造卫星。而十分危险的是，我们竟对此置若罔闻。”2008年汶川特大地震后，中国一改灾害报道的“保密”、“口径”、“内松外紧”等传统做法，对国内国外全面开放了媒体报道，不仅在国内极大地激发了亿万人民众志成城抗震救灾的热情，而且在国际社会上形成了一股对中国同情赞叹敬佩支援的热潮，使拉萨“3·14”事件的消极影响为之一扫。

当然，一个国家关于重大问题的决策和行动，取决于国家的最高利益。任何国家都不可能为迎合国际舆论而放弃这一底线。达赖喇嘛长年游走于西方国家之间，不断制造事端以博得西方不明真相的人们的同情，我们可能为了所谓的“国际舆论”而同意他四处兜售的“大藏区自治”吗？显然不能。日本在国际公海水域大肆捕获金枪鱼，激起全世界环保主义者和一些国家政府的强烈谴责，但日本在强大的舆论面前仍我行我素，尽管这相当程度地损伤了日本的国家形象；这其中除了日本人的饮食传统外，还有巨大的商业利益。国家形象服从于国家利益。当然，在一定意义上，国家形象也是一种国家利益。

一个民族国家的形象构建，最重要的是这个国家国内社会的“善治”。一个贫穷的、极权的、动乱的、不断制造事端的国家，是决不会赢得世人尊重的。一个国家在经济迅速发展的同时，实现了“民主法治、公平正义、诚信友爱、充满活力、安定有序、人与自然和谐相处”的社会治理，伴随着强大的“硬实力”，其“软实力”也出类拔萃，并且在国际社会智慧地运用“巧实力”，才能具有强大的道德感召力和吸引力。这是树立良好国家形象最根本的基础。

经过一百多年的浴血奋战，特别是中国人民在中国共产党的领导下，结束了军阀混战、社会动乱的局面，彻底推翻了三座大山，实现了民族独立和人民解放,赢得了国际社会的尊重;但是,由于极"左"思潮的泛滥和当时国际环境的影响,持续不断的政治运动导致长期闭关锁国,国民经济几乎到了崩溃的边缘,使得国家形象严重受损,在国际社会的"发言权"与我们这样一个人口最多的大国地位实不相符;那时的所谓"敢怒敢言",不过是没有多少利益得失的"乌托邦情怀"而已。改革开放以来,我国的经济连年高速增长,即将取代日本成为世界第二大经济体,综合国力和人民生活水平都得到了空前的提高;与此同时,社会主义法治建设成就斐然,国民从未拥有如此广泛的就业、迁徙、宗教、言论、知情、参政、监督等诸多方面的权利;中国经济的对外开放与高速增长,给世界经济带来难得的机遇,特别是为国际社会渡过几次经济危机发挥了中流砥柱的作用;遵照邓小平同志"韬光养晦、有所作为"的决策,中国一贯提倡和坚持和平共处五项原则,努力同一切国家和地区发展友好关系,并且自觉履行国际责任,提供与自己国力相称的国际援助,得到了国际社会的高度评价。从"边缘"走到了"中心",中国的国际地位从未像今天这样高涨而坚实。但如何将经济优势转化为政治优势,进而转化为良好的国家形象,是摆在国人面前的新课题。

这是因为强大的国际地位并不等于良好的国家形象。中国正处于快速崛起和社会转型进程的关键节点,构建良好的国家形象至关重要。快速崛起,意味着旧有的世界格局将会被打破,这不仅牵涉一些国家的切身利益,而且在外人看来,中国的未来具有不确定性:会像英美那样和平地交接国际领导权,还是会像日本和德国崛起时靠武力扩张引发世界战争?尽管我们一再保证中国是一个负责任的大国,"中国将始终不渝走和平发展道路,始终不渝奉行互利共赢的开放战略"。[7]而且,以《中国不高兴》为代表的激进民族主义情绪不时高涨,也经常使国际社会感到困惑。社会转型,意味着这是一个生机勃勃却也是难以规范的过渡期,各种社会矛盾丛生、交织、较量、博弈;即使顺利转型,也将伴随阵痛、纷争、眼泪、牺牲；如果转型不顺利，不仅高速增长的过程可能中断,甚至可能陷入社会动乱不已的“拉美化”局面。“日益崛起但国内脆弱的中国无论是对中国自己还是对世界其他国家都是最糟糕的情况。”[8]

2009 年国庆,我们举行了盛大的阅兵与游行典礼,引起国际社会高度关注。美国《时代》周刊 10 月 12 日的评论却说:“中国是下一个超级大国,这是毫无疑问的。但是,我们也不能忘了,这是一个连牛奶都不能保证的国家。”此话虽然刺耳,但我们却无法否认。一个各城市路口尽管有专人把守交通仍混乱不堪的国度,会赢得人们的尊重吗?一个高校论文大面积抄袭学术造假的国度,会赢得人们的尊重吗?一个有地方政府存在着“钓鱼式执法”却不见有什么处理结果的国度,会赢得人们的尊重吗？一个有民工为证明自己染上职业病竟不得不强力要求以开胸验证来维权的国度,会赢得人们的尊重吗?一个有相当数量的官商勾结贪婪地掠夺社会财富的国度,会赢得人们的尊重吗?一个许多江河严重污染很多人喝不上洁净水的国度,会赢得人们的尊重吗?一个经常有群体性非法偷渡的国度,会赢得人们的尊重吗?一个有黑砖窑和压榨童工的国度,会赢得人们的尊重吗？尽管这只是社会生活的一些侧面,不是我们社会的主流,但我们不得不承认,比起世界很多国家,这些社会阴暗面在中国爆发的广度和深度实在为甚。当然,这也是前进中的共性问题,英国也好、美国也好、日本也好,历史上也经历过这样一个转型的阶段;但愿我们经过努力,能使这一转型阶段短些、平滑些、从容些。

因此,夯实基础和苦练内功更为重要,我们必须进一步深化改革开放,继续坚持以经济建设为中心,理顺体制机制,当前最主要的是能以“壮士断腕”的勇气,打破利益集团对社会资源的垄断,尽快解决收入分配过于悬殊的问题,使整个社会进入“善治”的轨道。不论是打造良好的国家形象,还是构筑我们国家长治久安的基础,都必须如此。“繁荣只是一种状态，而并非价值……要昂然走过下一个六十年，它必须发展出真正有中国特色与实质内容、能够整合国家一致的价值体系，这是一个崛起大国的自身需要，也是对世界的责任。”[9]

三、国家形象与国民群像

国家形象包括国家政府层面和国民层面。国家，从广义上讲，是指政治上组织起来的全体人民[10]。在这个意义上，国家形象很大程度上就是国民个体形象的集合。

人们常说的国家形象，更多的是指国际社会对一个国家的感知与评价。这里有两个层次：一是各国政府(包括传媒)对某一国家的感知和评价，这往往自觉不自觉地以该国与本国在历史纠纷和现实利益为评判准绳；二是各国人们对某一国家的感知和评价，除了有历史恩怨与现实利益的瓜葛外，很大程度上是在与该国的个体国民的交往接触中，形成了对该国的国家形象的“认知”。日本在美国《时代》周刊针对十二个国家的国家形象调查中几年居世界第一，未必是日本政府层面多么出色，恐怕很大程度上是人们对日本普通国民的感受。在欧洲酒店业举行的全球游客评选中，日本游客获得第一名，因为日本游客“整洁、礼貌、安静、少怨言”。

因此，构建良好的国家形象，最基础的因素在于广大国民。一个国家全体国民的综合素质如何，是关系到国家形象建设的百年大计。

“合抱之木，生于毫末；九层之台，起于累土；千里之行，始于足下。”在经济全球化的时代，人员流动空前活跃。2008 年，我国全年入境旅游人数 13003 万人次，其中外国人 2433 万人次，国内居民出境人数达 4584 万人次[11]。这 2433 万外国人，用他们的切身经历感知着中国，汇集成他们心目中的中国国家形象；这 4584 万中国人，以他们在境外的一言一行，使当地的人们(尤其是没到过中国的人们)形成对中国的直接印象，尽管某个国民的言行举止可能是极端的、独特的，并不真正具有代表性。

笔者从个人在日本的生活经历中，深深感受到国民的言行举止对“他人”构建中国国家形象的重要性。

笔者20世纪80年代中叶在日本读书时，所到之处一片日中友好之声，“一衣带水”、“世代友好”、“源远流长”等充满温情的话语不绝于耳，日本普通民众对中国的亲近感溢于言表。他们主动问长问短、问寒问暖，请你演讲、请你吃饭、请你教中文、请你到家里住、给你送礼品、领你到邻居家串门……根据日本总理府（现为内阁府）每年“关于外交的舆论调查”显示，那时日本民众对中国怀有亲近感的比例一直超过70%，仅次于美国居第二位。1980年有78.6%的日本人对中国感到亲近，是历史最高点；到1986年仍有76.1%的日本人认为日中关系“良好”。

这是有着特定历史背景的。自1972年日中恢复邦交正常化后，日本出现较长时间的“中国热”。对中国历史与文化的崇敬及对当年发动战争的内疚，使得一般日本民众对中国怀有一种天然的亲近感。《中日友好条约》签订、邓小平访问日本、钓鱼岛问题搁置等，使两国外交关系形成了一个“蜜月期”，尽管中间也出现过日本首相参拜靖国神社、教科书问题等；而且，当时国际上东西对峙，美国打破僵局与中国接触，试图联手抗击苏联的霸权，作为美国国际战略的“跟屁虫”，日本自然认为中国跟他们同属一个阵营；中国刚刚实行改革开放不久，经济发展水平还比较落后，普通的日本人对中国人有一种居高临下的怜悯心理。

20世纪七八十年代日本人对中国普遍怀有好感，还有一个重要原因。当时的国门刚刚打开，政府对出国管理还十分严格。出国访问、谈判、出展等相关人员都是经过认真选拔的，尽管这些人出国后的社会交往较少，但他们严守外事纪律，举止庄重大方，普遍受到好评。那时的留学生大都是公派,这批留学生是优中选优,不仅政治品质过硬,而且学习成绩在日本各大学中总是名列前茅,再加之国家提供学习生活费用,不必没日没夜地打工,日本的老师以能带中国学生为荣。当时,日本多家主流媒体惊呼:“中国人太聪明了!将来的世界是中国的!”对于普通日本民众来讲,他们没去过中国,不了解中国,他们对中国外交官、公派人员、留学生的深刻印象,很大程度上构成了他们关于中国的国家形象。

当20世纪90年代初,笔者被单位派往日本常驻时,立刻感受到异样的气氛。短短几年,日本人对中国就没有那么强烈的亲近感了,以前热情洋溢的日本朋友现在对你是敬而远之,很少有日本人请你到家里做客了;相反,讽刺、攻击、谩骂中国的舆论开始增多了。根据日本总理府的调查,1989年日本民众对中国的亲近感一下子从68.5%下跌到51.6%,此后便一路下滑。这是为什么?

有人说,是冷战结束使世界的战略格局发生了剧变,日本和中国不再是“同一战壕”了;有人说,是两国经济力量对比发生重大变化,亚洲出现了两强对峙的局面;有人说,是小泉连年参拜靖国神社刺激了日本的国家主义思潮……这些是两国关系日趋紧张的原因,但不是当时的原因,更确切地说,那不过是进入21世纪后出现的新问题。

在20世纪90年代初,日本人并没有觉察到泡沫经济已显露破灭的苗头,正处于自我感觉如日中天的地步,在经济上“犯不上”跟中国计较高低;冷战刚刚结束,一贯缺少国际政治战略视野的日本还没有“醒过神儿”,只是因苏联解体使日本北方威胁降低而欢欣鼓舞;至于其右倾化,则是随着泡沫经济完全破灭、社会经济一蹶不振而逐步升级的。就是说,中日两国在20世纪90年代并没有重大利益交锋,并且日本在西方国家中带头解除对中国的经济制裁,日本天皇也实行了访华。可是为什么日本民众对中国的亲近感却急转直下呢?身临其境的笔者认为原因有二:一是每年多次的中国人集体偷渡,二是在日本中国人的猖獗犯罪。

20 世纪 90 年代是国内一些人非法偷渡的高峰期。1993 年春,也许是日本海上保安厅的疏忽,一艘载有一百多名福建农民的破渔船,竟漂到了离东京很近的横滨湾!由于横滨与东京只有一小时的车程,日本各路媒体,包括外国驻日媒体,争先恐后地现场报道,一时间,各家报纸杂志电台电视台都充斥着“中国偷渡客”的报道。关于这次中国人偷渡事件,时间持续之长、舆论范围之广都是少见的,而那几年,这样的偷渡事件频频发生,极大地损伤了中国的国家形象。

随着改革开放的进程,越来越多的人们走出国门。不仅国家继续选派公费留学生,大批自费的青年学子也远赴重洋。在日本泡沫经济鼎盛时出现劳动力不足的现象,而且一些脏累险的工作岗位,没有日本人愿意干;于是,日本政府允许企业从中国、泰国等东亚地区引进一大批“研修生”。这些研修生可不是人们经常理解的“进修生”,完完全全就是体力劳动者;由于日本企业把工资压得很低,他们期望多加班能多挣钱。还有一些签证过期滞留的“黑人”,再加上一些神不知鬼不觉进入日本的偷渡客。这些人良莠不齐、鱼龙混杂,有的因文化底子太浅,找不到像样的工作,有的是好吃懒做,根本不愿找工作,有的进入了红灯区,有的加入了黑社会,有的干起了杀人越货的勾当。从 20 世纪 90 年代起,在日本的外国人犯罪中,中国人就一直居于首位。1995 年日本民众对中国的好感度降至为 48.4%,1999 年为 46.1%。

尽管这只是少数人的行为,并不具有整体代表性,但是,却对中国国家形象的杀伤力极大。国民个体的言行举止,就是这样地事关国家形象。好在随着改革开放的向前推进,我国经济社会得到了全面的发展,国民整体素质也迅速提高;尤其是中央政府高瞻远瞩地抓教育这个“百年大计”,扎实地提高了国民的文化素质;而且,以人为本、公平正义、法治观念、契约精神、市民社会组织等的形成，国民的现代性成长也不断走向新高度。“仓廪实而知礼节，衣食足而知荣辱”。可以说，这是构建良好国家形象的基础工程。

由于种种复杂的原因，进入 21 世纪后，中国与日本的关系急转直下，日本民众对中国的好感度也迅速一路走低。2008 年，“对中国有好感”的日本人较上年下降 2.2 个百分点，以 31.8%创下 1978 年开始调查以来的最低点；回答“没有好感”者则比上年增长 3.1 个百分点，以 66.6%达到历史最高。日本人在日益对中国反感的同时，对美国的好感度却一直稳定。73.2%的日本民众对美国有好感，比上年上升了 1.4 个百分点；80.9%的日本民众认为日本与美国关系良好，较往年上升了 4.2 个百分点。这是不是值得我们深思呢？

中国要实现“在政治上更有影响力、经济上更有竞争力、形象上更有亲和力、道义上更有感召力”，[12]从而树立良好的国家形象，仍需要长期不懈的努力。

参考文献

[1]中国企业家，2008，(9).

[2]国际先驱导报，2009-09-21.

[3]boulding，K.E. (1959).National image sand internation alsystems. Journal of Conflict Resolution3：119-131(K.W.Deutsch，Thenerves of government： Models of political communication and control. New York：Free Press，1966).

[4] 李长春 2009 年 11 月 9 日在第十届中国记者节暨颁奖报告会上的讲话.

[5][日本]中央公论，2009(9).

[6][美国]亚洲华尔街日报，2009-11-16.

[7] 胡锦涛2009年9月23日在第六十四届联大一般性辩论时的讲话.

[8][美国]新闻周刊,2009-09-24.

[9][新加坡]联合早报,2009-10-05.

[10]简明不列颠百科全书.3:557.北京:中国大百科全书出版社,1985.

[11]国家统计局.2008年国民经济和社会发展公报.

[12]胡锦涛.人民日报,2009-07-21.

中国产业竞争力的演变趋势

金　碚

从美国房地产次贷业务开始诱发的世界性经济危机尽管因其主要爆发于金融领域而被称为“金融危机”，但却深刻反映了实体经济特别是产业经济中所存在的严重的机制缺陷，即反映了各国产业发展的创新机制、成本控制机制和市场渗透机制存在严重问题。世界经济似乎发生了不知向何处去的困惑，尽管所有的人都在呼吁“创新”，但却因创新机制缺陷而看不清创新的方向。危机爆发后，各国在采取超强度的刺激政策和救市措施以遏制经济大幅度下滑势头并取得了一定效果的前提下，将进一步实行提升产业竞争力的重大战略调整，竭力寻找新的产业核心技术路线创新突破方向和新的产业增长空间，希望形成带动经济强劲增长的新的产业增长引擎，并使本国产业能够在不可逆转的全球化条件下保持相对竞争优势，以缓解可能导致的系统性风险和经济失衡的内在矛盾。

为了实现经济战略调整，各国尤其是在这次金融危机中受影响较大的发达国家，将进一步反思现行竞争规则及国际贸易规则的有效性和有利性。发展中国家会更倾向于传统意义的自由竞争和自由贸易规

作者系中国社会科学院工业经济研究所所长、研究员、博士生导师、中国经营报社社长。

则；发达国家则会更倾向于在自由竞争和自由贸易规则中加入各种非传统因素，以抵消日益削弱其竞争优势的传统规制所产生的不利影响。因此，国际竞争规则和国际贸易规则将发生显著的变化。在这次金融危机冲击下，中国产业一方面表现出历经三十年改革开放而显著增强的竞争力和抗风险能力（在世界经济严重衰退的2009年保持8%以上的经济增长率，即使外向型产业受到很大冲击，中国工业产品的国际市场占有率仍然保持持续提高的势头），另一方面中国产业发展长期存在的深层问题也在危机冲击下更突出地显露出来。因此，经受金融危机冲击之后，中国也将实行重大的发展战略调整，中国产业发展和产业竞争力演变将呈现显著的新态势。

一、中国产业竞争力的战略基础：工业化推进中实现“资源节约”和“环境友好”

中国工业化的路程还远未走完，中国不可能以不发展工业的方式来解决资源环境问题。中国现阶段一切重大问题包括资源环境问题的解决都必须依赖于更发达的工业生产能力和更先进的工业技术水平。因此，资源密集型产业仍然具有很大发展空间。而在资源环境约束日趋显著的条件下，中国工业包括资源密集型产业将以显著快于世界平均的速度向更有效利用资源（即更节约资源）和更清洁生产的方向升级。同时，能源替代（新能源）也将以显著高于世界平均的速度发展。实际上，中国工业近些年来正在走向更节能、更清洁的道路，中国对世界能源和资源利用效率的提高所做出的贡献为许多国际研究机构和学者的研究成果所证明。金融危机后，这一趋势将更趋明显。中国工业中越来越多的行业和企业的实力已经达到了可以选用更节能、更环保的技术并保持竞争力的水平。近年来，中国新能源产业的投资和生产能力的迅猛提高，甚至导致出现“重复投资”和“产能过剩”的现象，表明中国新能源产业增长和节能技术应用的微观动力机制正在形成。

二、中国产业竞争力的要素基础:丰富的劳动力资源仍然是比较优势的现实依托

中国劳动密集型产业的比较优势将长期存在,各产业竞争优势的增强仍将以发挥比较优势为前提,而新型劳动密集型产业的发展和人力资源的不断升级将成为中国产业新的比较优势。这将表现为:劳动密集型产业将仍然保持基于比较优势的竞争力,同时,传统劳动密集型产业将向新型劳动密集型产业,即高新技术产业链上的劳动密集型环节升级。无论是从发挥比较优势还是从实现就业目标的要求看,中国劳动密集型产业都具有发展的必然性。随着中国经济发展达到新水平,人口与发展的关系正在发生历史性的变化。众多人口作为"负担"的状况将越来越弱化,而人多作为经济增长和发展的优势,包括形成更大市场空间的优势,将越来越显现出来。

以个人计算机产业为例,可以明显反映中国如何依靠劳动资源的比较优势逐步实现高技术产业的发展,以及从低端产业链向高端产业链的逐步推进。美国科学院科学技术与经济政策委员会发布的2008年《全球产业创新》报告中的研究结论是:从1990年以来,全球产业分工的格局发生了很大的变化,21世纪以来,中国从生产和维护工程环节大规模进入该产业。现在,"该产业创新活动的全球分工有如下特点:元器件层面的研发(概念设计和产品规划)在美国和日本进行;新平台(尤其是笔记本电脑)的应用研发在台湾进行;成熟产品(主要是台式计算机)的产品开发以及大部分生产和维护工程在中国进行。"(参见图1)[①]

① 中华人民共和国科技部调研室,中国科学技术信息研究所编.全球产业创新——在新世界中竞争的美国企业:上卷.2009.

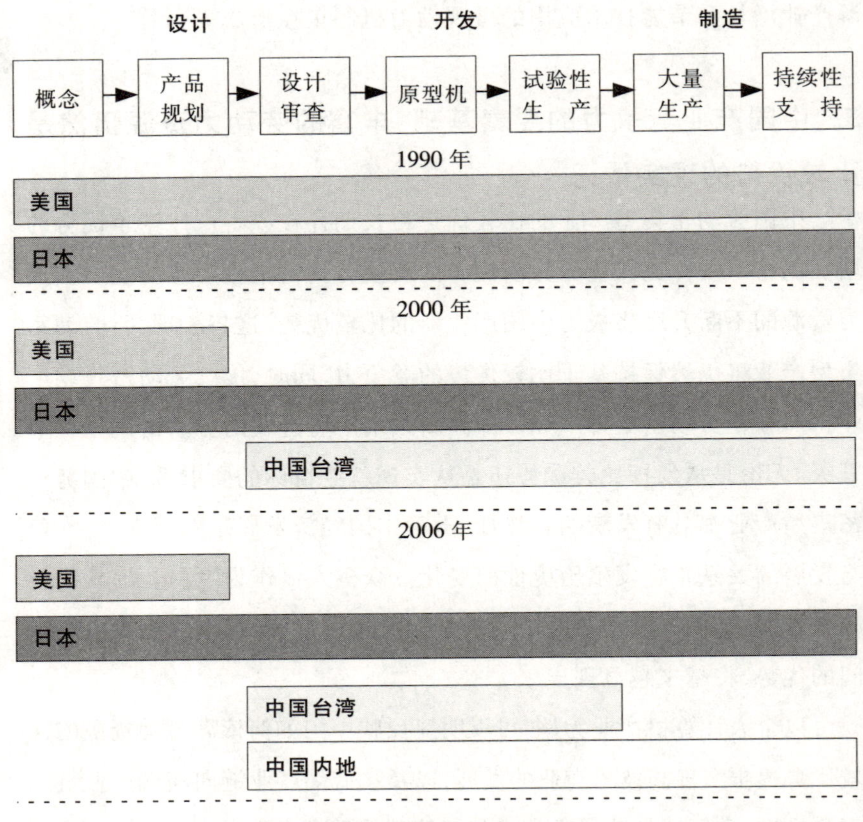

图1 个人计算机全球分工的变化

三、中国产业竞争力的支撑基础:雄厚基础设施的建立和高储蓄率的支撑

目前,经过数十年特别是近三十年来的投资建设,中国的基础设施条件正在实现历史性的转变,即从以往的瓶颈约束状态变为超前发展态势;同时,中国持续的高储蓄率和巨额资本积累及巨大投资能力,成为支撑中国产业竞争力的强有力的独特优势。为应对国际金融危机的影响,实施经济刺激计划,超常规地加大了对基础设施建设的投资,提前了许多基础设施建设项目的实施进度,中国正在经历基础设施建设

的又一次投资高潮，这将大大提高中国基础设施的实力，各地区(包括中西部地区)基础设施瓶颈现象将得到根本缓解，城市基础设施建设正在大幅度加速，从而明显改善中国整体的投资环境和生活条件。随着基础设施的更大改善，中国正在成为基础设施条件最优越的发展中国家之一，甚至可以同一些发达国家媲美，因而对国际资金、技术和研发能力的吸引力将明显增强，经济发展的区位条件和区域优势极大改观，这一切都将进一步夯实提升中国产业国际竞争力的物质基础。

四、中国产业竞争力的分工基础：制造业精致化和形成新的专业化分工优势

在资源条件改变和全球化竞争中贸易伙伴国对华贸易政策变化的双重压力下，中国产业发展必须告别“粗放制造”、“低价竞争”、“快速扩张”的时代，形成“精致制造”、“清洁生产”的战略机制、工业素质和企业文化，才能进一步夯实制造业竞争力的微观基础，真正形成现代工业文明的精髓。金融危机使得从未经历过严重经济危机冲击的中国企业普遍接受了一次严峻的考验和“精洗”，也给具有竞争力的中国企业提供一次特殊的战略调整机遇，促使中国制造业向精致化方向转型和发展。同时，制造业产业链的不断分解，并在信息化过程中形成新的产业业态，包括推进生产性服务业的发展，将逐步形成中国产业竞争力新的专业化分工优势。

五、中国产业竞争力的机制基础：有效竞争规则和新的成本优势机制的形成

产业组织结构的不断演变和形成新的成本控制机制，是中国产业保持和增强竞争优势的关键之一。经历这次金融危机，中国将形成一批更具国际竞争力的企业，包括民营企业和大型国有企业和企业集团。由

于国有企业具有在非常时期发挥功能和优势的特殊性质，所以，中国大型国有企业（主要是央企）的全球性战略举动将成为今后一段时期全球竞争新格局的一个引人注目的现象。这次金融危机是对中国企业的巨大冲击，但也是一个生动的“课堂”，特别是对高度开放和竞争性的企业，对于发展历史还不长的民营企业，更是一次在经济全球化条件下“战争中学习战争”的成长经历。在这一时期，一批优秀的企业和企业家将越来越成熟和强大起来。“竞争力来源于竞争”这一铁律，将以新的方式向中国提出挑战。中国产业竞争力的更大提升取决于两个关键因素：第一，形成各类企业公平竞争和有效竞争的格局，使各类企业在平等竞争中依靠自身努力提升内在的和长期的核心竞争力。第二，形成新的成本优势机制，即从主要依赖“血拼”方式维持产品低价优势，转变为更有效发挥综合优势，特别是通过技术创新和商业模式创新，来获取较高水平的投入产出关系和产品性价比基础上的市场竞争优势。

六、中国产业竞争的未来风险：国际化和信息化的新挑战

金融危机和资产价格的极大变化为中国企业“走出去”提供了机会，但中国产业向制造业以外的海外领域拓展，可能付出较高“学费”。改革开放三十多年来，真正实行了较彻底的改革开放的领域主要是工业特别是制造业，因此，工业特别是制造业是目前中国最具国际竞争力的产业。而其他产业大多改革开放滞后，缺乏市场竞争经验，国际竞争力不强。所以，当这些产业走出国门，参与国际竞争时，难免不敌强大对手的竞争，屡遭挫折和失利。这些行业只有在不断的历练中才能逐步增强国际竞争力。当然，即使是工业企业的海外拓展也将面对着许多不熟悉的情况，当涉及各种法律、政府管制、当地文化等复杂关系时，中国企业因缺乏经验而经受的风险会明显增加。

在国际化过程中，科技进步和新兴产业形成，特别是信息化、网络

化和网络经济的加速发展，将会深刻影响全球竞争规则。希望在电子信息和网络经济方面有新的实质性突破是欧美发达国家的重要战略动向之一。据报道，奥巴马就任美国总统后，1 月 28 日与美国工商业领袖举行了一次“圆桌会议”，IBM 首席执行官彭明盛首次提出“智慧的地球”这一概念，建议新政府投资新一代智慧型基础设施。奥巴马对此给予积极回应：“经济刺激资金将会投入到宽带网络等新兴技术中去，毫无疑问，这就是美国在 21 世纪保持和夺回竞争优势的方式。”此概念一经提出，立即得到美国各界的高度关注，甚至有分析认为，IBM 公司的这一构想极有可能上升至美国的国家战略，并在世界范围内引起极大关注。

我们可以看到，现行的竞争规则、贸易规则、政府监管规则（包括税收制度）等，都越来越暴露出难以适应高度信息化和网络化的经济活动。世界经济活动的实体形态正在从“原子型企业”越来越演变为“网络型企业（或企业群）”，而且，网络化的产品和服务形态越来越普遍。对原子型企业行为的监管与对网络型企业甚至网络型企业群行为（以及网络化产品和服务）的监管，显然具有不同的性质。这样，被监管的企业与实施监管的政府机构，都会面临极大的挑战。特别是，各种法律的和行政的规则体系受到极大的挑战。而经济全球化的趋势又要求实现世界各国规则体系的一体化或者可相互“接轨”。因此，各国新规则的制定或现行规则的改变将受到其他国家的密切关注和高度重视。前些时候，中国工业和信息化部推出的过滤软件“绿坝”，之所以会遭到那么大的国际压力而不得不缓行，最后不得不由原先的强制安装改为自愿安装，就是一个非常典型的案例。因为旧规则的改变和新规则的制定都将对各国、各企业的竞争力产生很大的影响，这是在产业向信息化方向发展中，必须引起我们高度重视的问题。

总之，应对产业发展的进一步深度国际化和信息化所产生的风险，将是中国产业提升国际竞争力的重大新课题。

参考文献

[1]中华人民共和国科技部调研室,中国科学技术信息研究所编.全球产业创新——在新世界中竞争的美国企业.2009.

[2]金碚等.资源与增长.北京:经济管理出版社,2009.

[3]中国社会科学院工业经济研究所.国际金融危机冲击下中国工业的反应.中国工业经济,2009(4).

[4]金碚.中国工业变革振兴60年.中国工业经济,2009(6).

[5]金碚.国际金融危机与中国工业化形势.人民日报,2009-06-23.

[6]金碚主编.经济秩序与竞争政策.北京:社会科学文献出版社,2005.

[7][美]斯蒂芬·李柏等.即将来临的能源崩溃.北京:中国人民大学出版社,2009.

[8][美]托马斯·弗里德曼.世界又热又平又挤.湖南:湖南科学技术出版社,2009.

[9][美]戴维·斯密克.世界是弯的.北京:中信出版社,2009.

[10][美]法里德·扎卡利亚.后美国世界——大国崛起的经济新秩序时代.北京:中信出版社,2009.

[11][美]约翰·米勒-怀特,戴敏.中美关系新战略——跨越零和博弈的中美双赢之路.北京:中信出版社,2008.

[12][英]克里斯·佛里曼,弗郎西斯科·卢桑.光阴似箭——从工业革命到信息革命.北京:中国人民大学出版社,2007.

[13][美]威廉·鲍莫尔.资本主义的增长奇迹——自由市场创新机器.北京:中信出版社,2004.

[14][美]迈克尔·波特.竞争论.北京:中信出版社,2003.

[15][美]迈克尔·波特.国家竞争优势.北京:华夏出版社,2002.

保增长不能忽视调结构

高辉清

世界金融海啸爆发以来,我国通过实施4万亿元投资计划、出台十大产业振兴规划,以及执行积极的财政政策和适度宽松的货币政策,国民经济成功地抵御了世界经济大幅萎缩的冲击,2009年成功实现“保八”目标。然而,迄今为止我国经济增长基础不稳,同时结构问题日渐严重。2010年,要做到“保增长”和“调结构”的兼顾,就必须大力推进经济体制改革,切换拉动经济增长的引擎,为经济尽快结束底部盘整、走上新一轮又好又快的上升通道提供制度保障。

一、推进城镇化必须突破城市公共事业瓶颈

我国目前处于城镇化发展中期,加快城镇化进程是扩大内需的重要途径。统计表明,改革开放以来,我国城镇化进程不断加快,其中1997年到2007年的十年间,我国城镇化率提高了14个百分点,平均每年提高1.4个百分点。2008年我国城镇化率增幅略有下降,但依然比上年提高0.8个百分点,总体水平达到45.6%。

与城镇化水平高速发展形成鲜明对比的是,我国城市公用事业发

作者系国家信息中心专家委员会委员、办公室副主任和国家信息中心发展研究部战略规划处处长。

展严重滞后。要打破城乡二元制度安排,必须认真考虑解决方法。

首先,加速城市公共事业改革,缓解现有城市尤其是大城市发展的瓶颈约束,提高人口承载能力。

所谓"城市公用事业"是指那些为公众提供普遍服务的行业,主要包括供水、供气、供热、绿化、公共交通、污水处理、垃圾处理等,具有公益性、外部性、地域垄断性、网络垄断性四大基本特征。长期以来,我国公用事业在管理体制上实行高度的政企合一。在投资体制上是政府单一主体投资,在经营机制上是国有企业垄断经营,在价格形成机制上是严格的计划控制,致使资源利用效率低下、公共产品供给不足。以垃圾处理为例,目前我国城市生活垃圾的储量已经达到 60 余亿吨,而且还在以每年 10%左右的速度增长,但是垃圾处理能力严重不足,我国城市垃圾的处理率只有 60%左右,许多城市都面临着"垃圾围城"的困境。在城市交通方面,我国城市道路拥堵普遍严重。地铁作为现代化的交通方式,具有运量大、速度快、占地少、干扰小、安全度高和污染度低的优点,是缓解城市交通拥堵的主要途径。按照 2008 年年底的数据,世界地铁运营里程 9370 公里,其中我国 776 公里,尽管总里程排世界第二,但人均拥有量排名非常靠后。

公用事业改革是当前我国市场化改革的一个热点,被称为市场化改革的"最后一个堡垒"。全面推进市政公用事业改革势在必行,并以此推动政府职能的转变和企业机制的转换,拓宽融资渠道,建立多渠道、多元化的城市市政投融资机制,促进市政公用事业的可持续发展。

其次,打破城乡二元制度安排,大力发展中小城市。

党的十七大报告中提出走中国特色城镇化道路,统筹城乡,促进大中小城市和小城镇协调发展。相对于国民经济总体发展水平,我国城镇化发展程度明显滞后。根据《2007 年世界发展指数》,我国的人均 GDP 为 1597 美元(按照 2000 年可比价格的美元计算),与同等收入的埃及、阿尔巴尼亚、摩洛哥、波斯尼亚相比，我国的城镇化水平低了5个百分点以上。这一方面表明，我国城镇化发展潜力巨大，同时也说明积极实施城镇化尤其是多层次城镇化发展战略的必要性。

从目前情况看，我国500万以上人口的大城市外延式发展的空间不大，未来吸纳新增城市人口的主要途径应该是大力发展中小城市与小城镇，其中有两个重点：一是适应省直接管理县(市)财政体制改革，扩大县域发展自主权，做强做大县级城市，并优先将农村人口转移压力巨大的农业大县纳入政府鼓励发展范围，增加中央财政和省级财政对县的一般性转移支付，促进财权与事权相匹配，切实改变“农业大县、经济弱县、财政穷县”的现象，加快县域城镇化发展步伐，推进经济结构和劳动力就业结构升级，增强县域经济实力和活力。二是通过“撤村并镇，集中居住”，发展小城镇，实现农民就地转移。调查显示，如果有一定的经济实力，63%的农民选择在乡镇或者县城购买楼房。按照目前农村建房标准和市场状况，农民建一套200平方米的住房大约需要15万元。如果政府鼓励“撤村并镇，发展小城镇”，每户补贴5000~10000元，需要财政补贴4000亿元~8000亿元，能够拉动农民住房消费12万亿元，杠杆比为15~30倍。如果十年完成建设任务，每年需补贴400亿元~800亿元，即2008年全国财政收入的0.65%~1.3%，可以拉动住房消费1.2万亿元。如此不仅可以大幅增加对建筑材料的需求，还能带动对家具、家电等消费品的需求，极大强化“家电下乡”的政策效果，进而全面启动农村消费市场。

中小城市尤其是县级城市和小城镇发展壮大的生力军来自农村人口转移，因而需要统筹城乡发展，破除城乡二元分割的政策限制，加快建立城乡居民地位平等的经济社会制度，重点是逐步建立城乡统一的劳动就业制度，逐步实现农民工劳动报酬、子女就学、公共卫生、住房租购等与城镇居民享有同等待遇，建立农民工养老保险关系转移接受制度。加快户籍制度改革,促进城乡人口合理流动,重点是放宽中小城市落户条件,使在城镇稳定就业和居住的农民有序转变为城镇居民。

二、拉动消费呼唤健全基本公共服务体系

基本公共服务体系建设得好,居民消费才会有信心,这是拉动内需的基本条件之一。

首先,我国已处于由生存型社会向发展型社会转变的关键时期,客观上要求建立和完善基本公共服务体系,以极大提振居民消费信心。

根据整个社会基本需求的层次,人类社会可大致划分为两大类型:一是生存型社会,人类发展的基本目标是解决温饱问题;二是发展型社会,发展的基本目标是解决人的全面发展需要。目前我国经济发展总体上已经达到了小康水平,社会发展处于从生存型向发展型过渡的阶段。其标志是,城乡居民的生存型消费(食品、衣着)支出比例已经降低到40%左右,明显低于发展型消费(居住、交通、教育、医疗、旅游等)支出的比例。

发展型消费环境具有较强的公共性,在很大程度上依赖于公共服务体系的建立与完善。改革开放以来,在经济高速发展的同时,我国公共财政资源被过多地投放于本应由市场发挥作用的领域,在公共服务体系建设方面投入反而相对减弱,文教、科学、卫生以及社会保障等公共服务领域财政支出增长甚至明显慢于政府行政管理费增长。由于社会公共保障体系职能缺位,住房、教育、医疗、养老这四大本该由政府来提供绝大部分保障的服务领域,现在却成为严重抑制居民即期消费的“四大取款机”。

正因为如此,建立和完善我国的基本公共服务体系具有非常重要的意义。它不仅有利于提振居民消费信心,成为扩大内需、拉动消费需求的重要制度保障,而且有利于改善民生,有效地缓解城乡差距、区域

差距和贫富差距,促进社会和谐。

其次,逐步建立城乡基本公共服务均等化机制,释放农村需求潜力,是我国现阶段扩大内需战略的重要手段。

2009年中央1号文件明确指出:“扩大国内需求,最大潜力在农村。”在外需可能长期难以复苏的情况下,只有农村需求才能够对外需的萎缩进行有效对冲。据国家统计局测算,农村人口每增加1元的消费支出,将对整个国民经济带来2元的消费需求;农村家庭对一种家电产品的普及率增加1个百分点,可增加238万台(件)消费需求。如果农村市场的潜力得到有效释放,其规模在世界经济的版图上也将少见。

然而,改革开放三十年来,我国农村居民的消费率在短暂上升之后总体呈现不断下降趋势。农村居民的消费率在1983年达到32.3%的最高点,到2008年只有8.9%,下降了23.4个百分点。在居民消费总额中,农村居民消费所占比重从1983年的62.2%下降到2008年的25.1%,下降了37.1个百分点。农村居民消费能力相对下降的最主要原因毫无疑问是农民收入比重的下降,但是基本公共服务方面的影响程度几乎不次于收入差距。目前,城乡名义收入差距已经达到3.3:1;如果把基本公共服务包括义务教育、基本医疗等因素考虑在内,城乡实际收入差距已经达到5~6:1。

与城镇相比,农村基本公共服务差距最大的是社会保障。在城镇居民所获得的各种隐性补贴中,比重最大的是社会保障补贴,占隐性补贴总量的45%。而政府对农村社会保障投入明显偏少。以养老保险为例,中央财政对城镇企业职工养老有大量的补贴,但农村养老基金基本靠农民自己交费。2002~2008年,城镇养老保险参保人数增长了48.5%,而农村养老保险参保人数仅增长了2.5%。农村基本公共服务差距第二大的是教育。目前在全国农村义务教育投入中,乡镇财政负担了78%左右,县(市)财政负担9%,省级财政负担11%,而中央财政仅负担2%。随着农业税的取消,县、乡(镇)财政日益紧张,对教育的财政支持相对减弱。统计数据显示,按人均水平计算,我国城市教育投入是农村的三倍多。甘肃省农业部门的抽样调查显示,在全省重新返回贫困线以下的农民中,因教育负担而返贫的占50%。农村基本公共服务差距第三大的是医疗。目前全国每年大约有1000余万农村人口因病致贫或返贫。西部新增贫困人口的60%~70%都是因病致贫或返贫的。即使在经济比较发达的广东地区,特困群众中也有三分之一因病致贫或返贫。

公共服务体系的建立对不同收入人群消费行为的影响各异,相对城市居民来说,对农村居民的影响要更大。有研究表明,农村家庭主要劳动力平均受教育年限每增加一年,贫困发生的风险就可以降低12.9%;家庭非农业收入比重每增加1个百分点,贫困发生率就可以降低3.2%。由此看来,建立城乡基本公共服务均等化机制不仅能够缩小城乡差距,而且能够更好地增进全体国民的福利和刺激居民总体消费需求。

建立城乡基本公共服务均等化机制更多地应体现为对农村基本公共服务的"补课"。从刺激消费和保持中长期经济持续稳定增长的客观要求出发,应当逐步把扩大内需的投资重点转到加强农村基本公共服务建设上来。根据有关专家测算,未来十二年只要每年将基本公共服务财政投入增加1%~1.4%,总计投入财政资金6.42万亿元,到2020年就可以初步实现城乡基本公共服务均等化的目标:建立全国统一的医疗保障体系,在全国范围内将免费义务教育由九年扩展到十二年,初步建立一套新型的农村养老保险体系。届时,居民消费率至少可以提高十多个百分点。

三、实现消费主导型增长有待深化收入分配体制改革

收入分配体制的深化改革,可以缩小收入分配差距,提高低收入阶

层的所得,扩大中等收入阶层,为居民消费率提高提供收入保障。

第一,提高劳动者报酬在 GDP 中的比重,让社会公众能够分享经济社会发展的成果,为居民消费率提高提供收入保障。

经济要转型,社会先转型。长期以来,我国初次分配体制不合理,过度倾斜于政府和企业,而对个人收入及民生问题重视不够。数据表明,从 1998 年到 2008 年十年间,国家财政收入占 GDP 的比重由 11.7%升至 20.4%,年均提高 0.87 个百分点。同期,国家财政收入年均增长 13.55%,分别比城镇人均可支配收入和农村人均纯收入年均增长率高出 2.18 和 5.24 个百分点。这种不合理的分配体制直接导致了固定投资与居民消费严重失衡。以 2008 年为例,我国居民消费率仅为 35.3%,比发达国家低了 30 个百分点,也是改革开放三十年来的最低点,比历史最高水平 1983 年的 52%低了约 16.7 个百分点。我国的投资率从 2000 年的 35.3%上升到 2008 年的 43.5%,大大高于多数国家 20%左右的水平。由于大量投资形成的产能不能被国内形成的购买力所消化,在世界经济正常运行的情况下,就只能通过产品大量出口来实现供需的平衡;在世界经济出现危机的情况下,就表现为产能大量过剩,市场供过于求矛盾突出,失业人口增多,企业债务加重,银行呆坏账上升,社会代价极为巨大。由此可见,扭转投资与消费失衡,促进内向型经济发展,前提在于调整收入分配体制,提高劳动者报酬在 GDP 中的占比。

在这方面,我们可以借鉴日本历史上的成功经验。20 世纪 50 年代末,日本面临着与当前我国颇为相似的经济形势:同样具有政府财政收入增幅远远大于国民收入增幅、居民所得过低的特点,同样面临居民收入差距较大、城乡二元结构分化的问题,同样存在产能过剩、失业压力增大的困境,同样需要实现从外向型经济向内需拉动型经济转型。在这种情况下,日本政府出台了《国民收入倍增计划》(以下简称为《计划》),在 1960~1970 年的十年间使得日本国民收入水平翻一番。《计划》结束之后，日本形成了一个庞大的中产阶层，成了亚洲衣食住行水平最高的国家，各种家庭耐用消费品包括彩电、冰箱、洗衣机、吸尘器、微波炉、热水器、立体声音响等普及率达到90%以上，人均报纸消费量比美国还要高。

从目前情况看，政府推出中国特色的居民收入倍增计划十分有必要，这不仅是摆脱经济困境、实现经济持续稳定增长的必然举措，也是全面建设小康社会的必经之路。相对当年的日本而言，今天的中国推出国民收入倍增计划的形势更为有利。日本在开始实施《计划》的1960年，在世界上只是一个“二流半”国家，人均GDP刚过400美元(2008年价，下同)，到1970年结束时也才刚过2700美元。2008年我国人均GDP已超过3000美元，经济总规模已经超过德国，成为世界第三大经济体，外汇储备则为世界第一，实行国民收入倍增计划的条件，要远远好过当年的日本。

第二，缩小收入差距，提高居民总体消费倾向。

国民收入分配体制改革的目的不仅要提高劳动者收入的GDP占比，而且要使劳动者收入分配公平合理。在贫富差距悬殊的格局下，即使在GDP中有更多的份额直接转化为个人收入，也会因为“富人有钱不消费，穷人消费没有钱”，导致居民总体消费倾向依然偏低。

国际上，基尼系数是反映居民收入分配差异程度的经典指标，一般认为0.2以下为高度平均，0.2~0.3为相对平均，0.3~0.4为相对合理，0.4以上为差距过大。改革开放以来，我国人均收入差距从绝对平均的水平快速拉升，基尼系数由2000年的0.412扩大到了2007年的0.458，我国已经处于收入差距较为不平等的国家之列，而且根据目前我国所处的发展阶段以及社会经济发展的一般规律，如没有有效的政策干预，基尼系数在未来一段时期内仍将保持扩大趋势。

国民收入分配不公不仅影响内向型经济的健康发展，而且对整个社会的情绪产生负面作用，因而各国政府都会对此给予高度重视，并采取措施积极预防和化解。就目前我国现状而言，国民收入体制的主要改革措施应包括以下几点。

一是制定合理的薪酬制度，避免行业收入和个人薪酬差距过大。目前，一些金融机构高层和上市公司老总一年的薪水就高达几千万元，是一般老百姓几辈子的收入。对这些自己给自己发高薪的人，政府必须给予制度规范，将薪酬标准严格与其真实能力和实质性贡献挂钩。垄断行业薪酬标准同样需要规范，有研究表明，垄断行业的职工人数只占全国的 8%，可是他们的工资占全国工资总额的 55%左右。作为一个配套措施，政府应该提高垄断行业利润上缴水平，将其垄断利润更多地上缴国库。

二是调节公务员工资，考虑经济快速发展和强势政府对公务员财富心理的影响，应当实施“高薪养廉”和“阳光工资”制度，制订政府官员财产公开披露细则，严堵灰色收入漏洞，维护社会公平。根据 2006 年中国体制改革研究会公共政策研究所委托的《2004 年和 2005 年我国收入分配中非正常成分的价值估算》课题研究，2004 年我国全部国民收入非正常分配价值规模为 56952.9 亿元，相当于当年国家财政的 1.8 倍，占当年国内生产总值(GDP)现价比重为 35.64%；2005 年全部非正常收入分配规模为 58994.69 亿元，占当年国内生产总值(GDP)现价比重为 31.9%，大约可以造就 590 万个百万富翁。如果能够有效减少收入分配中非正常成分，即使公务员名义工资较大幅度上升，居民实际收入差距也会缩小。

三是加大税收制度改革力度，发挥税收在调节收入分配中的重要作用。据人民网报道，中国约占总人口 20%的富人，上缴的个人所得税还不到全部所得税收入的 10%；而在美国，将近 50%的工薪阶层只承担了联邦所得税的 5%，10%的高收入者承担了个人所得税的 60%多，

1%的最高收入者承担了个人所得税的30%多。这表明中国通过税制改革调节个人收入差距的空间还很大。从国际经验看，一个完善的个人所得税制度对缩小居民收入差距能够起到显著成效。加拿大1993年纳税人的税前基尼系数为0.37，税后基尼系数降为0.33。与此同时，除了个税调整之外，政府还应适时开征遗产税和“原始股收入个人所得税”。

四是逐步建立和完善农村最低生活保障制度。我国农村贫困发生率从1978年的30.7%下降到2007年的1.6%，成为全球首先提前实现联合国千年发展目标中贫困人口减半的国家。但是从绝对数量上看，我国贫困人口基数还很大，农村贫困人口超过了4000万人。如果按国际贫困线标准，我国农村贫困人口比率还会明显上升。政府应尽早将这些农民纳入低保范围，从而为社会主义新农村建设和整个社会的安定奠定良好基础。

四、切换投资增长引擎寄希望拓宽融资渠道

在应对金融危机的特殊时期，政府4万亿元投资成了推动经济增长的最主要力量，但政府固定资产投资单轮驱动经济增长很难持续，在这种情况下，投融资体制的改革显得非常重要，使得投资增长引擎能够逐步进行切换。

首先，政府固定资产投资单轮驱动经济增长的格局难以持续。

2009年在三大需求中，外贸出口始终是负增长，居民消费增长虽然比2008年同期有所加快，但依然处于历史正常区间之中，唯有政府主导下的固定资产投资超高速增长是推动经济增长的最重要力量。

在经济危机时期，政府加大投资来促使经济增长见底回升，是最有效的短期救急方法，但却不可持久。主要原因有二：一是带来巨大财政压力。2009年前9个月累计全国财政收入虽经多方努力同比仅增长5.3%，全国财政支出却增长了24.1%，收支盈余同比减少6203亿元，这

些变化明显超出此前预期。由于第四季度经济仍在恢复增长阶段,企业盈利状况并不容太乐观,财政收入增长出现大幅回升的可能性不大,全年完成预算非常困难,财政赤字率将超过3%的警戒线。二是政府投资的"扩张效应"在一定程度上对民间投资产生了"挤出效应",反而不利于经济的真正复苏。银行配套资金主要带动的是国有大型企业的中间需求,民营企业融资困境并未因此得到改善。原本一些地方政府已明确承诺,欢迎民间企业和民间资本进入环卫、市政项目,但在4万亿元投资计划出台之后这些项目绝大多数都给了国有企业。另外,过去原本属于民营经济的市场份额,在融资条件明显宽松的国有企业的攻势之下也陆续在丧失。

其次,放松行业管制,拓展中小企业融资的渠道,启动民间投资逐步接替政府投资。

从统计数据看,民间投资虽然也出现了较快复苏,但以完成在建项目和政府投资配套项目为主,民间资本自主性投资总体上呈现低迷状态。

初步分析,障碍民间资本的体制性障碍主要体现在两个方面:一是垄断行业存在明显的所有制歧视。目前我国垄断行业中民营资本进入比重不足两成,其中铁路行业民间资本的比例仅为0.6%。一项调查显示,在广东省东莞市,在其80多种行业中,国有资本进入的有72种,外商资本进入的62种,而允许国内民营资本进入的只有41种。广东省东莞市是民营经济较为发达的地区,在市场进入条件上依然对国内民营资本存在着明显的所有制歧视,可想而知这种状况在其他省份和地区将更为明显。二是有些产业领域虽然没有明文规定不准民营资本投资经营,但是存在着事实上的"玻璃门"。民营资本在进入时将比国有企业和外资企业面临着更多的事前审批,在项目审批、土地征用、信贷资金、上市审批等一系列环节上,所付出的成本要大得多。

如果民营经济始终不能启动，中国经济就不可能走上持续健康发展轨道。前不久，国务院常务会议已经原则通过了《国务院关于进一步促进中小企业发展的若干意见》，该意见计划向民间资本开放基础产业、基础设施、金融保险、文教卫生和公共服务等五大领域，同时配套削减行政许可事项、改进对民营企业的金融服务、减轻民营企业税费负担等一系列措施。今后工作重心就应该是出台相关细则，狠抓落实，改变过去在启动开放民间资本方面“雷声大、雨点小”的不利局面。

经济适用房有待补偏救弊

张道航

1994 年《国务院关于深化城镇住房制度改革的决定》提出，要建立以中低收入家庭为对象、具有社会保障性质的经济适用房供应体系。据不完全统计，到 2006 年年末，全国经济适用住房累计竣工面积超过 13 亿平方米（含单位集资合作建房），解决了约 1650 万户家庭的住房问题，而且经济适用房至今也还是各地“主打”的保障性住房。[①]但是，由于经济适用房本身固有的某些缺陷，也导致了推行过程中问题频出。有人建议叫停，有人反对叫停，经济适用房究竟何去何从？

一、经济适用房的偏弊

经济适用房一直以来就存在非议，最具代表性的反对者是经济学家茅于轼先生，他主张叫停经济适用房。但是，站在对立面的也不乏一些颇具影响的人物，著名财经评论人时寒冰甚至说取消经济适用房是一个“阴谋”。[②]一面是对经济适用房去留的争论不断，一面又是经济适用房发售过程中的问题频出，有人甚至把它称为“有缝的鸡

作者系大连市委党校教授。

① 建设部课题组.多层次住房保障体系研究[M].北京：中国建筑工业出版社，2007.37.

② 时寒冰.取消经济适用房背后的阴谋[J].经济要参，2009-04-17：12-15.

蛋”。[1]那么，经济适用房这只“鸡蛋”的裂缝究竟在哪里呢？

1.让“寻租”活动死灰复燃

从理论上分析，经济适用房的最大弊端就是，它不仅与普通商品房一样同房屋产权制度相联系，而且在经济适用房和普通商品房之间又存在着一个明显的市场差价，这就难免不出现“寻租”活动，不仅会干扰房地产市场的正常秩序，还会进一步扩大社会不公。回顾我国由计划经济向市场经济转轨的过程，先是在计划经济体制外培植了一块市场，从而形成了计划价格与市场价格之间的差价。这种差价从经济学角度分析，不能把它视为利润的分配，而应当是地租的转化形式。随着市场经济体制的确立以及计划与市场的接轨，两种不同体制所导致的市场差价不存在了，寻租活动也就风光不再了。可是经济适用房推出后，不仅一些有权有势的人，包括普通民众也都可以前去寻租，甚至一些无权购买经济适用房的农民工也参与其中，他们排队拿到一个号转手就可以卖到几万元。2005 年北京“天通苑”经济适用房住宅小区发号时，竟有上千人如同买萝卜、白菜一样排队买房子，几天几夜地等候，有的甚至雇人排队。从这种令人瞠目的场景看，经济适用房背后一定存在着某种悖谬，全国许多城市经济适用房发售过程中出现的种种问题，从根本上讲都是这种寻租活动招来的麻烦，有的城市为此不得不停止经济适用房。仅在 2009 年 6~8 月的两个月时间里，被媒体曝光的利用经济适用房寻租的事件就有：武汉经济适用房摇号摇出“六连号”；北京、郑州经济适用房大量出租；郑州经济适用房用地建起了“经济适用别墅”群；山西吕梁经济适用房变身商品房，等等。透过这一连串的典型事件及其背后黑幕可以看出，经济适用房的制度设计和管理上确实有不小的“裂缝”。

---

① 李泓冰.注意有缝的鸡蛋[N].人民日报，2009-06-26(5).

2.“逆向补贴”带来的社会不公

任何一项社会保障制度都应当首先救济和帮助那些最需要帮助的人，然而经济适用房制度所能帮助的并不是那些最需要帮助的低收入人群，而是中等收入人群，起码也得是低收入人群中的收入较高者。因为从目前中国的房价及其未来走势看，低收入人群不可能买得起房子，即使是低于市场价的经济适用房他们也买不起。2006 年大连市发售经济适用房时，最初报名申购的多达 6 万余户，经过几轮审核后还有 2 万余户，再经摇号后有 3688 户家庭中签获得申购经济适用房的资格。可是最终竟有 489 户，占总数 13.3%的家庭放弃了购买经济适用房的权利，这其中绝大部分都是由于难以承受日后还款的压力，有的中签家庭甚至连 20%的首付款也筹不出来。买房子总得需要一大笔钱，即使有政府补贴，低收入和最低收入人群也还是买不起，这样原本就不多的财政补贴反而流向了收入较高甚至是富裕人群那里。这些年来，通过经济适用房的名义让富人得实惠的事情屡见不鲜。经济适用房在造成“静态不公平”的同时，还会带来“动态不公平”。因为得到政府救助的人群是因为暂时的困难，并不代表他们永远困难，当他们脱离了经济困境时就应当退出住房保障才是。但是经济适用房却难有这样的退出机制，这就会让这部分公共资源沉淀下来得不到循环利用，并带来动态的社会不公平。而且现行的经济适用房作为一项与户籍制度挂钩的福利制度，外来务工人员得不到，从全社会的角度来讲，这本身又是一种社会不公平。

3.出现建成的经济适用房遭弃购

经济适用房是从供给的角度考虑困难人群的住房问题，但是由于住房建设的周期较长，经济适用房的建设可能往往滞后于市场反应。需要建设经济适用房的时候，都是住房价格暴涨时期，这时政府拿地建经济适用房与开发商争地，不仅会抬高地价助推房价上涨，实际上也等于是增加了政府成本。等到经济适用房按计划建成，很可能这时房价已经回落，一部分住房困难人群这时可能已经可以在商品房市场自行购房解决住房问题了,已经建成的经济适用房就可能无人问津。2008 年受国际金融危机的影响,当有的城市房价出现下跌时,就曾一度出现过经济适用房“销售难”的情况。不仅是建造时机难以把握,经济适用房的建造数量也很难把握，因为政府很难知道到底要为多少家庭提供经济适用房,建少了杯水车薪于事无补,建多了又会造成经济适用房的闲置。在美国、英国、瑞典都有很多类似于我国经济适用房这样的廉价房、低价位公房被闲置的情况。[①]由于无法形成合理的制度和标准,在实践中经济适用房的建造时机和数量又都有很大的随意性，所以经济适用房的成本也很难预期和控制。

4.难以提高资源配置效率

经济适用房是由政府进行规划、选址和建设,但对各级政府来讲,所关心的往往只是提供了多少套经济适用房的考核指标，很少为居住者考虑所建房屋是否适合他们的需求。经济适用房的购买者只能在指定的地点、面积、质量的房屋中选择。为了降低成本,不仅房屋质量通常被放在了次要地位，地点也都是选择在距离市区较远的城市边缘和交通不便的地带。有些家庭住进了经济适用房后,住房费用降低了,但是交通费用却上升了，使得被救助家庭总体经济状况和福利水平并未得到实质性改善。而且由于管理上的缺陷,还人为地带来了某些不该有的烦恼。例如,武汉市对经济适用房实行统一摇号分配,在武昌工作的居民摇中的可能是汉阳的经济适用房，而在汉阳工作的居民摇中的却是武昌的经济适用房。[②]因此,有不少困难家庭尽管分到了经济适用房却

① 陈杰.城市居民住房解决方案——理论与国际经验[M].上海:上海财经大学出版社,2009.27 .

② 张祚,李江风,刘艳中,黄琳.经济适用房运行机制下的城市居住空间分异与社会公平——以武汉为例[J].中国软科学,2008(10):37-43.

最终选择了放弃。调查表明选择放弃的原因主要有：一是家庭收入有限，经济负担沉重，根本就买不起房子；二是房子选址偏远，距商场、医院、学校远，供暖、供气等生活设施不配套，从而会加大他们的生活成本，困难人群难以接受；三是房源单一，结构不合理，使用不方便；四是大多数人买经济适用房时需要购房贷款，但由于部分人员失业、无业，银行不可能为他们办理贷款；五是按有些城市的规定，购买经济适用房后将不再享受低保待遇，为能继续享受低保，有的困难家庭宁愿选择放弃经济适用房。

二、货币补贴难除经济适用房痼疾

2008年，当国际金融危机蔓延到中国的房地产业，一些城市的商品房成交量出现明显下降之际，地方政府纷纷出手救市。在各种救市举措中，长沙市采取了购买商品房由政府给予5万元或8万元补贴的政策。2008年9月6日，首批1000户住房困难户和无房户分别获得5万元或8万元的货币补助，用来购买商品房。[①]这项救市政策后来演化为经济适用房的货币补贴政策，即对符合享受经济适用房条件的家庭，由原来的实物配售改为货币补贴。继长沙之后，郑州、沈阳、南昌、大连等城市也都实行了经济适用房货币补贴的办法。广州市对经济适用房实行货币补贴的可行性研究从2008年就已经开始，到2009年4月形成了上百页的可行性研究报告，并向社会广泛征求意见。依此看来，今后或许还会有更多的城市把现行的经济适用房实物配售改为货币补贴。

经济适用房采用货币补贴的最大好处，就如中山大学社会保障和社会政策研究所研究员朱亚鹏所说："这将赋予购房者充分的选择权。"[②]也就是说，经济适用房由原来的实物配售改为货币补贴后，购房者可以根

① 龙军，禹爱华.长沙住房保障"新政"破解"棚改"难题[N].光明日报，2009-07-09(5).

② 张岚.广州试水经适房货币补贴[N].21世纪经济报道，2009-07-03(8).

据实际需要到市场上选购适合自己的住房，避免了实物配售中由政府配售的住房并不适合购房者的实际需要，从而降低资源配置效率低下的情况发生。但是，由于货币补贴并未能绕过产权这一经济适用房最核心和敏感的问题，在享受补贴并能获取部分产权的巨大利益诱惑下，很难避免寻租活动，如此一来还是会让资源的配置效率难尽如人意。

而且，随着与房屋产权相关联的经济适用房实物配售改为货币补贴之后，还会遇到一些新的问题。此前的经济适用房实物配售是由政府减免了土地出让金、小区外基础设施建设费和行政事业性收费，这只会减少政府的预算收入，并不需要直接动用财政资金。货币补贴可就不同了，它是直接动用预算收入并增加了财政支出。按照我国预算法的规定，政府预算是要经过当地人大这样的权力部门批准的。尤其货币补贴，是直接动用纳税人的钱去帮助部分人群实现拥有房产的愿望，而这部分人群又不是最困难的，因为最困难人群是买不起房子的，即使经济适用房也难买得起。更何况这笔支出还是不小的数目，以长沙市为例，自2008年实行经济适用房货币补贴开始，截至2009年3月16日，共发放货币补贴资金9794.6万元。[①]这样大的一笔财政支出要得到当地权力部门批准通过，显然比实物配售只是减少财政收入的难度会大得多。如果不经过权力机关批准就动用这笔资金，又涉嫌政府违法。那些对经济适用房实行货币化补贴的政府，在动用这笔资金之前是否纳入了财政预算，又是否经过人大这样的权力部门批准就不得而知了。

经济适用房的货币补贴也有不必动用财政资金的。譬如，辽宁某城市在向符合购买经济适用房条件的家庭实施货币补贴时，每个购房家庭最多可以得到13万元的补贴，但这笔钱不是出自政府而是由开发商提供的。不必动用财政的钱，自然也就用不着经过权力机关的审议和批

---

① 龙军，禹爱华.长沙住房保障“新政”破解“棚改”难题[N].光明日报，2009-07-09(5).

准。但是人们不免要问，开发商为什么要用这笔钱替政府掏经济适用房的房补，做了好事不留名，还把好名声送给政府？据开发商自己讲，他们最不愿意看到的是市场上房价下跌，越跌越没人买，所以宁肯让点利说是政府给的补贴，也不愿意主动把房价降下来。“政府补贴开发商买单”，这样的货币补贴已经不是政府补贴了，准确地说是政府托市和开发商借以进行促销的手段，是开发商“挟政府以令市场”。

经济适用房即使真是由政府拿钱实行货币补贴，而不是由开发商买单，究其实质也仍然是在旧有政策轨道上的继续推进，并未从根本上解决此前经济适用房实施过程中存在的诸多偏弊。特别是经济适用房的公平性问题，难以在货币补贴的新形式下得到纠偏，真正需要政府帮助解决住房困难的人，还是可能会在新的货币补贴形式中被筛选出去不说，而且各种寻租活动以及腐败现象也不会因为这种形式的改变而被杜绝，相反会更趋隐蔽。因此，不应当对经济适用房货币补贴抱过高期望，还是应从根本上检讨经济适用房制度本身存在的缺陷以及管理上的某些漏洞，加以补偏救弊才是。

三、经济适用房的补偏救弊之策

20 世纪的 50 年代到 70 年代，许多国家和地区为解决困难人群的住房问题建设的廉价房、公共住房、组屋等，其实与我国的经济适用房在性质上有许多相似之处。例如瑞典的“百万工程”，就是用了十年时间建造了一百多万套廉价房提供给穷人。美国、英国、新加坡、中国香港在这方面也曾有过大规模的实践。但是自 20 世纪 80 年代后，采取这些做法的国家已经越来越少，原因是人们发现这样的做法有许多副作用，效果并不理想。2007 年 7 月美国住房与城市发展部部长阿方索·杰克逊访华时，曾对中国媒体说，“20 世纪五六十年代为解决低收入人群住房问题，在城市边缘地带建了一批安置房。但政府发现效果并不好，经济成本和社会成本太高,后来转而实行租赁补贴。”[①]租赁补贴,既是那些先行实践住房保障国家的经验总结,也是目前世界各国住房保障发展的基本趋向。从我国实际看,将来也应逐步过渡到以租赁补贴为主的救济性住房保障才是。但这需要一个过程,因为实施租赁补贴不但需要政府必须具有相应的财力,更要有足够的可供租赁的廉价房屋和成熟的房屋租赁市场。既然不能一步到位,那就应当从以下几个方面对现行的经济适用房制度进行改进和规范,以达到补偏救弊的目的。

1.明确政策定位和保障对象

经济适用房属于救助性住房保障方式,其建设用地由政府无偿划拨,并减免部分行政事业和基础设施建设收费,实施货币化补贴的经济适用房则是由政府财政拿钱补贴了部分购房款。目前各地经济适用房保障对象通常被界定为低收入人群,而实际上低收入人群是买不起经济适用房的,从实际出发,应将其保障对象明确为中等收入人群或低收入偏上人群。经济适用房的供应由市、县政府根据当地居民收入、居住状况、房价水平等因素确定。而且应当推广厦门的做法,即购买了经济适用房就不能再购买商品房,市场化住房制度和住房保障制度只能选择其一,不能二者兼得。

2.合理确定建设规模,严格控制建设标准

经济适用房建设规模,应由各地政府根据当地符合条件家庭的需求和实际供应能力确定。其套型建筑面积应当控制在60平方米以内,最高不得超过80平方米。目前在大连等一些城市,享受经济适用房的保障对象,在购买了经济适用房后原有住房仍然保留,不但拥有了两套住房,而且其家庭人均住房面积大大超出当地平均水平,从而带来新的社会不公平。因此,对于获得经济适用房后,家庭人均住房面积超出当

---

① 陈杰.城市居民住房解决方案——理论与国际经验[M].上海:上海财经大学出版社,2009.24.

地平均水平的，必须将原有住房退售给当地政府用作廉租住房或民政福利房房源，否则不得享受经济适用房保障待遇。

3.明晰产权关系，完善退出机制

经济适用房由于享受部分税费减免或是当地政府的补贴，因此不应当具有完全的房屋产权。应把政府暗补的土地税费或明补的货币补贴等量化成政府的产权比例，个人出资部分量化成个人的产权比例。这种只具有部分房屋产权的经济适用房上市出售时，应按照届时同地段普通商品房与经济适用房差价的一定比例核定政府收益，补交政府收益和政府补贴后，将有限产权转换成普通商品房产权，购房者在取得完全的房屋所有权和土地使用权一定期限后方可上市出售。经济适用房出售时，政府有优先回购的权利，并将回购的经济适用房再转售给其他符合条件的家庭。应当鼓励购买经济适用房者在收入提高后，通过补交政府收益和政府补贴将有限产权转换成普通商品房产权，这样一来政府收回的资金又可以循环利用于住房保障。

4.健全管理机构，充实管理人员

细究经济适用房实施过程中出现的种种乱象，初期主要与制度不完备有关，但是近年来不但国家有关部门已经出台了准入、配售和售后管理等各个环节的一系列相关制度，各个城市也都从本地情况出发，制定了相应的实施细则乃至执行标准。应该说经济适用房的相关制度目前已经比较完备，如果按照这些制度认真执行的话，相信不会出现目前这种混乱局面。问题主要在于，尽管有制度，却没有相应的机构和足够的人员来执行和监管。香港是一个只有600万人口的城市，可是负责住房保障工作的人员就有8000人。我们又有哪个城市按照这样的比例来配备经济适用房的监管人员了？“健全制度、加大监管”，不能光靠上面喊，必须下面有机构去做，有足够的人员去管，才能消除弊端。

5.加大对违规行为的惩处力度

对骗购经济适用房的，不仅要追回已购房屋，并应处以高额罚款，不得以补交房款的方式了结。经济适用房主管部门及其他行政机关工作人员，未按程序和条件进行资格审查，或弄虚作假、协助申请人隐瞒真实情况，索取和收受他人财物，不依法履行监督管理职责或监督不力者，应给予相应的行政处分，情节严重构成犯罪的要依法追究刑事责任。对擅自改变经济适用房用地用途的，由土地行政主管部门按有关规定处罚和追究主要责任人的责任，涉及企业的应吊销其营业执照。我国经济适用房实施过程中出现骗购、腐败等种种现象，不仅与经济适用房本身所存在的某些偏弊有关，也与惩处力度不够有着直接的联系。只有让违规付出的成本高于可能获得的利益，违规现象才能得以根除。

FINANCE OBSERVATION

谨防A股“国际板”成为“国际提款机”

资本市场何去何从

独立董事制度为何效果不佳

谨防A股“国际板”成为“国际提款机”

余云辉

在客观条件不成熟的情况下,大跃进式地推出A股“国际板”,必将在中国证券市场发展史上再次留下大败笔。

一、谨防中国的储蓄财富被国外资本掠夺

从国内优质企业股权廉价出售给海外投资者并在境外上市到允许国内居民高价购买B股然后深度套牢,从上证指数千点附近大量审批QFII让海外投资者抄底A股到香港股市最后疯狂的时刻放行QDII然后让国内百姓资金高价接盘并损失惨重,我国资本市场的一系列涉外政策始终在对外开放、引进外资、转变机制、国际接轨、进军海外(“走出去”战略)等漂亮的口号之下扮演着对外输血、流失财富的角色。对于以往的一次次失误,面对数以千亿万亿元的国民财富流失,我们并没有总结经验和吸取教训,相反,一些地方和部门仍然在各自利益的驱动之下,甚至在海外利益集团的推动之下,继续打着漂亮的旗号、扮演着对外搬运国民财富的角色。在“建设上海国际金融中心”、“实现人民币国际化”等诱人口号的掩护下,即将出台的A股国际板必将成为海外机

作者系华安财产保险独立董事、经济学博士。

构吸干中国财富的重要金融工具。

当海外产业资本和金融资本完成了对中国市场空间和企业股权的瓜分之后,他们把捕食的利爪有步骤地伸向了中国的储蓄。中国的储蓄财富将成为海外资本掠夺的最后目标,换句话说,这部分储蓄财富被掠夺之后,中国经济将面临彻底崩溃的危险。当一个国家的产业控制力、民族企业成长的市场空间、企业与居民的储蓄财富逐步丧失之后,这个国家的经济还有持续发展的能力吗?没有。

中国的储蓄财富是以企业和居民的储蓄以及国家的外汇储备作为表现形式而存在的,或者说,中国的储蓄财富表现为国内存款和外汇储备。中国的外汇储备是通过廉价地出口商品、出口自然资源、出口企业股权、出口活劳动等换来的,是通过出让本土企业的市场发展空间、以招商引资的方式形成的,甚至是通过浪费资源、破坏环境、牺牲劳动力再生产的基本条件换取的。正因为如此,中国的储蓄和外汇储备需要加倍珍惜而不该成为打着“建设国际金融中心”和“人民币国际化”的旗号进行肆意挥霍的对象。中投公司高价购买美国黑石公司的股权,这是挥霍;汇丰银行计划在中国市场高价(高市盈率)发行A股募集近350亿元人民币换走50亿美元,这同样是挥霍。

二、什么条件下可以开设国际板

主张开设国际板的人至少要面向社会回答以下问题:中国出口19.9%的交通银行股份给汇丰银行换来了多少外汇?交通银行在这笔交易中盈利了多少倍?当时中国出口金融股权时定价的市盈率和市净率是多少?这些数据必须跟后面的预期数据进行比较:在国内IPO市盈率高达50倍的情况下,我们花50亿美元能够进口多少汇丰银行股份?这些股份占汇丰银行总股本的多少?汇丰银行的成长性是否高于交通银行?国内投资者未来可预期的盈利或亏损与汇丰银行在交通银行股权投资上的盈利倍数相差多少?通过比较,这二者之间的差额就是这笔交易所流失的国民财富。

在“政绩主义”和“拜金主义”几乎代替了爱国主义和民生主义的商业社会里，我们已经很难从国内的主流媒体上看到汇丰银行成立的最初历史,只有日本人还没有忘记汇丰银行“实际上是为了将在中国贩卖的鸦片收入送往英国而(在上海)建立”的银行(详见[日]安部芳裕的著作)。在中华民族五千年的历史长河里,百年历史只是并不遥远的昨天。今天,我们需要警惕的是:汇丰银行计划登陆A股市场推销的股票是否类似于当年高价而有毒的“鸦片”?这些直奔高市盈率IPO而来的“金融鸦片”是否再次扮演着搬运中国财富的角色?中国是否已经陷于“金融鸦片战争”?这些问题值得思考。

在国内IPO市盈率高于国际市场两倍甚至五倍的情况下,希望前来发行A股从而掠夺中国储蓄财富的跨国公司还有通用电气、力拓等巨无霸。这让那些长期在内心深处隐藏着民族自卑感的人们油然产生一种莫名其妙的自豪和兴奋，仿佛中国证券市场一夜之间即将赶英超美,上海即将成为国际金融中心。在此,没有人冷静地思考中国高市盈率IPO背后长期畸形的发行制度与长期扭曲的定价制度等问题,也没有人认真考虑高价或高市盈率大量进口股票的严重后果。

在中国,我们可以看到其他国家所看不到的怪现象:一方面是大量储蓄没有投资出路，另一方面是大量企业在证监会发行部排队数年要求融资；一方面是垃圾美元泛滥导致外汇储备增长过快并稀释或掠夺着人民币储蓄者的实际购买力，另一方面是各地政府不惜代价地推行招引外资政策的行动；一方面是社会就业压力巨大、社会矛盾不断激化，另一方面是资本市场投融资朝着大企业倾斜甚至要向海外跨国公司倾斜,从而严重挤占了中小企业的融资资源和融资机会,而中小企业却是安排社会就业的主要力量。对于中国经济结构的严重失衡,中国证监会的发行监管制度和并购监管制度负有不可推卸的责任。这种制度弊病主要表现为证监会有关部门上收并控制着企业和投资者的资本自主权,企业的公募融资、兼并收购、资金投向不是由企业和投资者自主决定,而是由证监会有关非市场化的规则、潜规则、二级市场走势的主观判断、审核人员的休假情况和“发审委”(或“重组委”)的审核效率所决定的。企业和投资者缺乏基本的资本自主权。资本自主权的行政管制制度形成了资金需求方和资金供给方之间的瓶颈。其后果一方面大量资金缺乏出路,形成资金供给的堰塞湖,从而推高了二级市场的市盈率和 IPO 的市盈率;另一方面大量的企业尤其是大量中小企业花费大量的时间和成本在证监会排队等候融资和上市。北京金融街的证监会大楼成为中国资金运动和资源配置的最大关卡,于是,权力之外的权力产生了,同时产生的还有 IPO 的超额溢价。面对中国大量的储蓄、大量的外汇储备和超乎想象的“IPO 超额溢价”,国外产业资本和金融资本早已垂涎三尺。设立 A 股国际板的消息立即赢得外国政府和海外财团的掌声和笑声。他们知道,除了美国国债和机构债之外,国际板又为他们增加了高溢价 IPO、快速占据中国市场、大量搬运中国储蓄和外汇储备的路径。

这不是在盲目地反对开设国际板,而是反对在国际金融领域采取无知无畏、“摸着石头过‘海’”的冒进做法。迄今为止,没有人研究过什么条件下开设国际板可以保本?什么条件下开设国际板可以获益?为什么美国以及作为美国货币政策附庸的国家和地区(包括中国香港)开设国际板能够成功而日本开设国际板却最终失败?从宣传舆论上看,中国开设国际板似乎完全抛开这些基本问题而不计代价、不计后果地向国际政治舞台的长期对手们输送储蓄和外汇以博取“上海国际金融中心”和“人民币国际化”的虚名。

只要存在制度性的套利机会,并且这个机会可以被国际资本所利用，那么，设立国际板就相当于在国内设立了一个国际资本的提款机。中国证券市场高收益率和“IPO 超额溢价”是证监会针对国内企业和国内投资者（或储蓄者）实施资本管制、剥夺其资本自主权所造成的，由此形成了“高储蓄背景下的制度性套利机会”。只要 A 股国际板的 IPO 和再融资市盈率高于国际市场，那么，跨境上市的企业就可以高价发行 A 股吸纳人民币资金并兑换成外汇，同时在境外市场以美元低价回购其发行在外的流通股，这是一项利益巨大却毫无风险的金融套利。即使这类企业没有在海外回购股票，那么，高溢价发行 A 股比低溢价在海外发行筹资之间还是存在巨大的利益差别。海外跨国集团不是看中了上海证券市场的国际板，更不是看中了“上海国际金融中心”和“人民币国际化”，而是看中了“高储蓄背景下的制度性套利机会”、看中了中国的储蓄和外汇储备。跨境上市的企业从来就是一部贪婪的套利机器。这些套利机器会快速吸走国内企业和居民的储蓄，并导致 A 股持续下跌甚至暴跌，直到 A 股市盈率等同于海外资本市场甚至低于海外市场的市盈率。这就是国内主流经济学家通常乐于称道的“国内市场与国际市场接轨”。这种套利机会取决于制度性缺陷和高储蓄率。当储蓄被抽干，相应的存在缺陷的制度将随之坍塌。

只有在消除了“高储蓄背景下的制度性套利机会”之后，推出国际板才能不赔钱，才能避免被掏空。但是，不赔本并不意味着就是获益。设立国际板能否获益不赔的前提条件是本国发行的纸币是否成为国际储备货币。换句话说，在美元作为全球储备货币的情况下，只有美国设立“国际板”才能获益。获益就意味着成功。

三、既要参照成功经验也要吸取失败教训

美国证券市场的“国际板”成功的前提是美国发行的纸币属于全球储备货币。美国的投资者可以开出较高的溢价吸引海外公司到美国上

市,即向美国出口股权,美国投资者以美元进行购买,即进口这些股权。企业股权其实是企业资产的衍生产品,股权背后存在着内在的价值;相反,美元早已不代表黄金、也不代表美国的信用,美元背后不存在内在价值。在美国证券市场上,美元与外国企业股权之间的交易是一场无价值的信用符号与有价值的企业股权之间的交易。从全局的、长远的角度看,美国和美元持有者永远是赢家,差别仅仅在于赢多赢少。正因如此,美国及其货币政策的附庸者才敢于设立"国际板"。相反,中国的人民币并没有代替美元成为全球储备货币。外国公司在中国发行A股之后所获得的人民币(包括由此再投资所形成的利润)是与中国的美元储备挂钩的,而中国的美元储备不是美联储白送的,而是通过廉价出口各类股权、各类资源、各类产品以及出让本土企业发展的市场空间换来的。与日本、韩国相比,我们的换汇成本是他们的数倍。中国的外汇储备不仅有成本,而且有数量上的约束。美国可以在次贷危机中宣称无限量地提供美元,中国却只能依靠卖企业和卖产品来获取美元,出口的各类廉价商品时常面临着各种贸易壁垒的围堵。正是因为国外企业在A股国际板发行人民币股票募集的资金是与美元挂钩的,所以,A股国际板所形成的真实交易是:一方面我们以低价卖产品、卖企业、卖资源换取美元;另一方面以美元对应的人民币资产购买外国公司高市盈率发行的股票。在存在"高储蓄背景下的制度性套利机会"的情况下,这类交易一定导致财富流失,这类交易的持续存在就是国民财富流失的过程。随着国内储蓄被逐步吸走以及相应的外汇储备水平的下降,外国企业在完成其跨市场套利之后必然纷纷选择下市而离开A股国际板。国际板从此走向沉寂或消亡,"国际板"变成"国际笑话板"。

类似的喧哗和沉寂已经在日本上演过。20世纪80年代,日本开设国际板招引了127家外国公司前来上市,之后便是证券市场一路走低,外国企业逐步退市。2003年国际板便消失了。其中深层次的原因是日元没有代替美元成为全球储备货币。

由此可见，只要证券市场发行制度没有进行实质性改革，只要A股市场还存在“高储蓄背景下的制度性套利机会”,那么,A股国际板一定是外资上市公司的“国际提款机”;只要人民币作为纸币不能替代纸币美元成为全球储备货币,那么,靠国内储蓄和外汇储备支撑的A股国际板一定撑不长久。“人民币国际化”、“人民币成为全球储备货币”与“设立A股国际板”之间的因果关系决不能颠倒。

在人民币没有成为全球储备货币的情况下,在A股市场发行制度没有根本改革的背景下,我们将会看到,从A股国际板的兴起到消亡的过程,将是中国储蓄财富流失、外汇储备减少、国际收支恶化、股票指数下跌、股票市值缩水、整体市盈率下降、中小企业融资上市更加艰难、社会失业率进一步上升的过程。如果A股国际板全然不顾中国经济与制度的现实而“摸着石头过‘海’”,我们需要为其中巨大的代价做好支付准备。

资本市场何去何从

祁 斌

1985年"巴山轮会议"上，诺贝尔经济学奖得主詹姆斯·托宾曾向中国的经济决策者们说，"中国不要轻易发展资本市场，因为中国的市场经济体制尚不健全，在这样的环境下发展资本市场有很大的风险"，他的建议是中国需要再等二十年，等到2005年再开始发展资本市场。但是，"一万年太久，只争朝夕"，中国没有等，从1992年开始，中国的资本市场从萌生到壮大，到2005年的时候已经成为全球第一大新兴市场，如今已经成长为全球前三大股票市场。正如2007年《华尔街日报》评论的那样："中国突然之间具备了一个与其世界第三大经济实体相匹配的股票市场。"现在看来，我们没有等是对的，因为改革与发展是相互促进、相辅相成的，资本市场的发展有助于法律体制和市场经济体制的完善。但是托宾的警告也不无道理，如果市场经济体制和法律体系存在缺陷，资本市场的运行会很自然而然地反映出这些问题，甚至在局部或某些阶段还有可能放大一些问题。

尽管我国资本市场在近年来得到了快速发展，但由于我国资本市场尚处于发展的早期阶段，一些结构性、机制性问题依然存在，在诸多

作者系中国证监会研究中心主任。

方面与发达国家成熟市场仍存在一定差距。同时，此次金融危机之后，世界经济结构孕育深刻变革，原有的经济增长模式难以为继，全球经济将进入一个结构性调整的进程，资本市场的竞争无疑仍是新一轮调整的战略制高点，因此，我国资本市场的改革发展任重而道远，未来一段时期内，我们应重点关注以下六个方面的问题。

第一，推动创业板市场的可持续发展。我国改革开放以来经济高速增长已逾三十年，但以低端制造业为主的模式渐遇瓶颈，创业板的推出可以说是恰逢其时。建立创业板市场可以通过其资源配置功能的发挥，引导社会资源向具有竞争力的新兴行业及高成长性的企业积聚，促进一批代表经济未来发展方向的高科技创新型企业成长，形成市场化的创新机制。

纵观有关国家和地区的创业板市场，有各种各样的经验和教训，其中至关重要的一条就是，较为成功的创业板市场均适应了科技创新和产业升级的需要，是当时特定社会经济的产物。譬如纳斯达克市场推出之时，正值美国经济处于"滞胀"之中。同时，美国政府在科技基础设施方面的投入和企业研发的积累达到了一定规模，纳斯达克的推出成为连接起美国创新经济链条最为关键的一环，促进美国引领了全球高科技浪潮。亚洲金融危机后，韩国政府意识到仅仅依靠扶植大企业集团的发展，以附加值较低的制造业为主的战略难以维持国家竞争力和经济的持续发展，于是出台了一系列扶持中小高科技企业、风险投资发展的政策，科斯达克的设立解决了科技创新型中小企业的融资问题，为韩国走出亚洲金融危机阴霾做出了重要贡献。而香港以金融和地产公司为主，创业板缺乏稳定的上市公司资源，是其发展不够成功的重要原因；同样，德国创业板的失败在于大企业很多，但创业者比较少，而当时一家创业板公司的丑闻也对德国创业板产生了极大的负面影响。

我们有理由相信中国的创业板未来会取得成功，首先它的出现适应了当前中国社会发展阶段的需求，中国经济需要补充更有活力的新产业,而新的产业仅靠行政力量的推动效果比较有限,对资本市场有效发现、筛选和培育新产业的作用有现实而迫切的需求;其次,中国创业板发展的一个优势条件就是不缺少上市资源，中国经济体中有大量的极具潜力的创新型企业亟须资本市场的支持，并且会在资本市场的支持下发展壮大。随着市场化发行和定价机制的逐步完善,可以预期未来会有大量的创新型企业源源不断地走向资本市场，而创业板的优胜劣汰机制也会为中国经济体真正选拔和培育出中国的“微软”和“英特尔”。当然,创业板的成功还有赖于良好的制度设计和严格的监管等,这些都需要我们在实践中不断摸索和完善。

第二,深化发行体制改革。市场化的发行审核和定价机制是资本市场资源配置功能有效发挥的重要保障。过去几年,中国证监会一直在推动发行体制改革,包括简化和规范审核程序、建立和完善发审委制度、保荐人制度以及询价制等,在发行体制市场化改革方面卓有成效,特别是询价制推动了市场化定价机制的形成。当然,就像任何改革一样,在实践中也遇到了一些发展中的困难。例如,不少人认为创业板市场市盈率有些偏高，除去全球范围创业板市场市盈率普遍高于主板市场和我国市场目前发展阶段性特点等客观因素以外，应该说是在改革过程中的一个过渡性现象,需要我们进一步深化改革。在中国经济高速发展的目前阶段,一方面有大量的企业存在着迫切的融资和发展需求,另一方面有大量的资金需求投资渠道和工具。而要让这两者达到平衡,唯一的方法就是坚定不移地推动发行体制的市场化改革。

第三,建设场外交易市场。创业板市场的推出是我国多层次资本市场建设的重要一步,但是,场外交易市场发展滞后使得市场层次依然不够丰富,难以满足不同类型、不同阶段企业的融资需求。充分借鉴各国场外交易市场的发展经验,从我国非上市股份公司的实际出发,研究和探索建立具有中国特色的场外交易市场迫在眉睫。

我们的基本想法是建立一个全国性的、规范的、统一监管的场外交易市场，做到“车同轨，书同文”。在这个框架下可以具体思考一些制度性的安排问题，如监管职能和义务的划分与界定，证券监管机构与各地方政府如何衔接；场外交易市场与公开市场的建设有哪些差异，如何在放松准入和严格监管之间找到平衡点，等等。

第四，推动债券市场发展，改善资本市场结构性失衡。目前，我国公司债券和其他固定收益类产品市场发展相对滞后，不能满足市场不同的风险偏好和进行有效投资组合的需要，不仅不利于资本市场的均衡、协调发展，也不利于金融体系的安全与稳定。同时，当前我国经济的实际需求之一就是重工业化的深化，涉及大量并购重组，同样对债券市场有很大需求。因此，我们要不断推进发行体制、交易结算体制和监管体制的改革，推动债券市场发展壮大，改善资本市场结构。

第五，推进资本市场国际化。随着我国经济规模持续增长，外汇储备大幅上升，人民币国际化、区域化进程明显加快，中国资本市场的国际化是大势所趋，这里面主要有两个重要的问题。

第一个问题是上海和香港两个金融中心建设如何协调，充分利用好香港这一发展较为成熟的市场，推动A股市场更快地完善制度。有观点认为上海国际金融中心的方案会对香港产生潜在影响。实际上，这两个市场并非纯粹的竞争关系，而是存在着更大的互补性，即便两者之间不可回避的某些竞争关系，也可以形成良性共赢的格局。例如在机制建设和国际化程度等方面，香港有很多值得借鉴的经验，有助于加快我们的改革步伐。因此，如何作出统一部署和规划，探索两个市场如何通过进一步分工和定位以达成战略合作和相互促进的关系，是推动中国资本市场国际化的重要支点之一。例如，内地金融机构通过香港走出去，这既可以加快这些机构的国际化步伐，同时能推动香港金融中心的进一步繁荣,实现双赢。

第二个问题是资本市场国际化与人民币国际化的关系，传统观念认为资本市场国际化要以人民币国际化为前提，事实上资本市场的国际化和人民币的国际化是一个相辅相成的关系。如果资本市场本身没有足够的国际竞争力,放开后将会受到较大冲击的可能,从而影响资本市场和经济的稳定,人民币国际化进程也会受到很大的制约。这两者之间是互为前提、互为因果、互为补充的关系,因此,就我国加快人民币区域化和国际化这个既定目标而言，提高资本市场的国际化程度也成为迫在眉睫的问题。

第六，股权基金的监管问题。国际经验表明，私募股权投资基金(PE)市场是多层次资本市场的重要组成部分,为公募股票市场,尤其是各国的创业板市场提供了大量优质上市公司。

美国及一些发达资本市场的国家原来的实践是不对私募股权投资基金和对冲基金这类面向专业投资人、非公开募集的投资基金进行监管，而更多地依靠自律监管。随着对冲基金和股权投资基金的快速发展,其中的弊端开始逐渐显现。2000 年时美国对冲基金的规模还很小,现在已和美国的公募基金市场在同一个量级。并且对冲基金的高杠杆对金融系统产生了潜在的威胁,一旦出现问题会产生较强的外部性,甚至引发系统性风险,例如 1999 年长期资本投资公司的倒闭;而以杠杆收购为主的并购基金同样存在类似的潜在问题;此外,并购活动中的一些违规行为如内幕交易会对二级市场产生较大的负面影响。所以,各国普遍达成共识要将对冲基金和股权投资基金纳入监管。

对于我国正在兴起的私募股权投资基金，我们同样应考虑在行业快速发展的同时予以必要的监管和规范，引导优秀的股权投资基金发展壮大,为 A 股市场提供优秀的上市公司资源。当然这并非一蹴而就,需要有关各方的共同努力。

独立董事制度为何效果不佳

张吉光　许建修　柴万元

2002 年,《股份制商业银行公司治理指引》和《股份制商业银行独立董事和外部监事制度指引》的发布标志着我国商业银行正式引入独立董事制度。独立董事制度的建立在一定程度上提高了我国商业银行董事会的运行效率和决策科学性，对于完善我国商业银行公司治理机制具有重要意义。但与国外同业相比,我国商业银行独立董事制度还处在起步阶段,效用未得到充分发挥,总体表现不佳。本文试图通过对国内商业银行特别是上市银行独立董事制度现状进行分析，找出其制约因素,进而提出相应的对策建议。

一、我国商业银行独立董事效用总体评价

通过对上市银行披露的信息进行分析以及对有关银行进行的调查研究显示，我国已初步建立起覆盖不同类型商业银行的独立董事制度体系，独立董事制度的引入总体上促进了商业银行公司治理的进一步完善,在一定程度上提高了董事会决策的科学性和独立性;但由于受到

张吉光,上海银行战略管理部经济师;许建修,上海对外贸易学院硕士研究生;柴万元,上海农村商业银行合规部经济师。

诸多内外部因素的制约，独立董事制度的效用并未充分发挥，仍有进一步提高的空间和必要。

第一，多层次的独立董事制度框架初步构建，商业银行独立董事运行机制初步建立。

针对我国商业银行类型多样、情况各异的现状，监管机构建立了覆盖农村商业银行、城市商业银行、股份制商业银行、国有商业银行和上市银行且要求从低到高的多层次独立董事制度框架(参见表1)。该制度框架以《关于在上市公司建立独立董事制度的指导意见》(以下简称《意见》)为标杆，以《股份制商业银行独立董事和外部监事制度指引》(以下简称《指引》)为核心。其中，《指引》从独立董事的任职资格、产生、任免职、权力责任及报酬费用等方面作了规定，明确了我国商业银行独立董事制度的基本内容，是监管机构对商业银行建立独立董事制度的基本规范和要求。《意见》则从上市公司的角度对独立董事制度作出规定，适用于已上市的商业银行。

从商业银行建立独立董事制度的实际情况来看，上市银行已按《意见》的要求建立起相对较为完善的独立董事制度，大多数城市商业银行基本按《指引》的要求初步建立独立董事运行机制，农村商业银行正在积极探索和引入独立董事制度。以上市银行为例（参见表2)，14家上市银行董事会的平均规模为16.3人，其中独立董事平均5.8人，平均占比为34.97%，达到了《意见》中“董事会成员中应当至少包括三分之一独立董事”的规定。此外，大多数上市银行的董事会关联交易控制委员会、提名委员会负责人由独立董事担任，并且独立董事在委员会中占多数。就独立董事的专业背景来看，大多数上市银行也满足《意见》中“独立董事至少包括一名会计专业人士”的要求。为了激励独立董事充分行使职责，所有上市银行都建立了独立董事薪酬制度，向独立董事支付报酬。

表1　我国商业银行独立董事制度体系

银行类型	适用法规名称	主要内容
上市银行	《上市公司治理准则》	明确要求上市公司应建立独立董事制度。
	《关于在上市公司建立独立董事制度的指导意见》	明确了独立董事的定义、任职条件、提名选举、权利责任及工作条件。
	《上市公司独立董事培训实施细则》	规定了上市公司独立董事资格培训和后续培训的相关事宜。
国有商业银行	《国有商业银行公司治理及相关监管指引》	提出"薪酬与提名委员会、审计(稽核)委员会、关联交易控制委员会的主席原则上由独立董事担任;薪酬与提名委员会、审计(稽核)委员会、关联交易控制委员会成员中的独立董事人数应占其所在委员会成员总数的半数以上"。
股份制商业银行	《股份制商业银行公司治理指引》	明确要求商业银行应建立独立董事制度。
	《股份制商业银行独立董事和外部监事制度指引》	明确了独立董事的任职资格、产生和任免职、权力责任及报酬费用。
	《股份制商业银行董事会尽职指引》	明确了董事会中独立董事的人数,提出董事会审计委员会的负责人应当是独立董事,并要求独立董事对重大关联交易发表书面意见。
城市商业银行	《股份制商业银行董事会尽职指引》	同上。
	《中国银监会办公厅关于进一步完善中小商业银行公司治理的指导意见》	要求进一步完善独立董事制度,特别是独立董事的提名机制和选聘程序。
农村商业银行	《中国银监会办公厅关于进一步完善中小商业银行公司治理的指导意见》	同上。
	《农村商业银行管理暂行规定》	第二十九条"农村商业银行董事会应设立独立董事。独立董事与农村商业银行及其主要股东之间不应存在影响其独立判断的关系。独立董事履行职责时尤其要关注存款人和中小股东的利益"。

资料来源:中国人民银行、中国证监会、中国银监会网站

表 2　2008 年度我国上市银行董事会中独立董事占比情况表

编号	银行名称	董事会人数	独立董事人数	所占比例
1	建设银行	16	6	37.50%
2	工商银行	15	4	26.67%
3	中国银行	15	4	26.67%
4	交通银行	18	6	33.33%
5	招商银行	18	6	33.33%
6	上海浦东发展银行	18	7	38.89%
7	民生银行	17	6	35.29%
8	华夏银行	17	7	41.18%
9	深圳发展银行	14	4	28.57%
10	南京银行	15	5	33.33%
11	北京银行	17	6	35.29%
12	兴业银行	15	5	33.33%
13	宁波银行	18	6	33.33%
14	中信银行	15	5	33.33%

资料来源:各家银行 2008 年度报告

第二,商业银行公司治理制衡机制得到强化,运行绩效得到提升。

实践表明，独立董事制度的引入与商业银行的财务绩效并无明显相关关系。独立董事制度更多的是通过促进公司治理的完善从而使银行的经营管理发生变化。从我国已引入独立董事制度的商业银行的情况来看,独立董事制度在完善公司治理,提高公司治理运行绩效方面的作用是明显和积极的。表现在:其一,独立董事为董事会带来“不同声音”,董事会的决策程序进一步完善,独立董事的不同专业背景也在一定程度上提高了董事会决策的科学性。其二,关联交易机制逐步建立和规范。根据规定,商业银行董事会下设关联交易委员会,由独立董事担任负责人,绝大多数引入独立董事的银行都按此要求进行安排,并在独立董事的推动下建立起关联方识别、关联交易审查及风险控制等管理机制;关联交易的规范是独立董事制度引入后商业银行最明显的变化。其三,审计体系进一步完善,商业银行的合规、审慎经营得到强化。大多数引入独立董事制度的商业银行在董事会下设立审计委员会,并由独立董事担任负责人,内部审计部门直接向审计委员会汇报或接受其领导,提高了内部审计的独立性和权威性;同时,审计委员会还负责聘请外部审计师对商业银行实施外部审计。

第三,独立董事参与董事会决策的有效性和影响力不足,总体效用仍有待提升。

独立董事作用的发挥是通过直接参与董事会的决策过程而实现的,这与监事会的事后监督有很大不同。概括来说,商业银行独立董事的作用体现在四个方面,即维护利益相关者权益,特别是中小股东和存款人的利益;制衡董事会和高级管理层的权力,防止内部人控制;增强董事会的独立性,维护公司整体利益;强化董事会的战略管理职能和决策科学性。由于受到独立董事制度本身不完善及内外部因素制约,我国商业银行独立董事参与董事会决策的有效性和影响力明显不足,并导致其作用得不到充分发挥。在维护利益相关者的权益方面,除关联交易管理外,独立董事尚无其他有效手段,特别是在涉及股东利益和存款人利益的重大问题上,如定向增发、服务收费等,还听不到独立董事客观、独立的意见;在制衡董事会和高级管理层权力方面,独立董事在董事会中的力量还比较薄弱,无法形成有效制衡,除参与董事会外,还没有其他途径直接参与到银行的经营管理决策中;在增强董事会独立性方面,独立董事的引入虽然为董事会带来了不同声音,但由于独立董事本身独立性不强,对董事会决策的影响力有限,还不能有效改变董事会有关决策过程流于形式的现象;在强化董事会的战略管理职能和决策科学性方面，由于独立董事对银行经营管理的参与程度较低，独立董事还很难参与到银行的战略决策和管理过程中，更多的是在董事会会议上发表意见，总体作用不大。

第四，不同银行和同一银行不同独立董事的效用表现存在较大差异。

通过比较分析，笔者发现，在已经引入独立董事制度的商业银行中，不同银行的独立董事效用表现存在较大差异，即使是在同一银行，不同独立董事之间的差异性也非常明显。这既跟独立董事本人及该银行对独立董事制度的重视程度有关，更大程度上是独立董事制度本身不完善在现实中的反映。就银行层面来看，有的建立起完善的独立董事工作制度和绩效评价机制，因而独立董事的作用相对明显。如民生银行建立了独立董事行内上班制度，2008 年民生银行 6 名独立董事到行内工作累计超过 40 个工作日。而从上市银行披露的信息来看，14 家上市银行中，仅有民生银行和南京银行的独立董事对董事会议案提出异议。就独立董事个人层面来看，有的未能充分尽职，很多情况下只是走过场，从未对银行的相关议案提出实质性意见，而有的则认真履职，充分发表独立、客观的意见，并采取各种形式了解银行的经营管理情况。

二、商业银行独立董事效用的制约因素

近几年来，制约商业银行独立董事效用的因素很多，主要表现在以下几方面。

第一，相关法律法规不健全，独立董事的责权利不清晰。

虽然我国已建立起适用于不同类型商业银行的独立董事制度，但大都以“指引”、“意见”或“通知”的形式体现，层次较低。而作为唯一一部专门规范商业银行独立董事的设立及运行的制度——《股份制商业银行独立董事和外部监事制度指引》也仅明确了独立董事运行的基本框架，在独立董事的准入、责权利等核心问题上的规定仍不够清晰。这

表现在：一是对独立董事任职资格的规定较为原则和宽泛，造成商业银行独立董事准入的低门槛，与商业银行作为经营风险的特殊企业的严格准入不相吻合；二是对独立董事的责权利界定不清，《指引》虽然有专门一章对独立董事的权利、义务和责任进行规定，但在义务和责任方面，仅要求独立董事对董事会讨论事项发表客观、公正的独立意见，并重点关注关联交易等五方面事项，并未就如何关注、做些什么工作以及未关注有关事项的责任承担作出深入规定；在权利方面，也仅提出"独立董事可提请召开临时股东大会"以及"独立董事担任关联交易控制委员会和提名委员会负责人"，缺乏更多实质性内容。法规的不完善，责权利的不明确，不可避免地造成现实中独立董事履行职责时因缺乏制度依据而畏首畏尾，甚至于心不在焉，走过场、走形式现象难以避免。此外，相关制度规定模糊不清、相互之间存在冲突，也使得其在现实中的执行情况打折扣。

第二，对独立董事的定位不明确，影响其现实作用的发挥。

对独立董事的准确定位是独立董事制度设计和有效运行的前提，也是实际工作中独立董事效用充分发挥的关键。在我国，包括上市银行在内的上市公司的独立董事效用不尽如人意，跟独立董事定位不明确有密切关系。独立董事的定位体现在三个层次：一是代表立场，即代表和维护谁的利益；二是角色扮演，即充当什么样的角色；三是职能作用，即发挥什么样的作用。理论上讲，独立董事代表的是整个公司的利益，并侧重于中小股东权益的保护，扮演的是制衡者的角色，发挥的作用则是促进董事会和公司治理的完善，制衡大股东、董事会和高级管理层的权力，维护各利益相关者尤其是中小股东的利益。显然，独立董事的定位应是制衡者。而现实中人们则将其定位为监督者，成为中小股东心目中对公司经营管理进行监督的代言人，并寄予很高的期望。由于独立董事不能直接参与银行的日常经营，信息获取受到限制，同时也缺乏监事会那样的法定监督权力，其在监督方面的现实表现必然与公众期望相去甚远。更为重要的是，现有的各相关制度未能就独立董事定位问题给出明确答案，从而造成独立董事既不是决策者，也不是监督者，更不是经营者，也谈不上制衡者，但又同时承载人们对其发挥上述各方面职能的厚重期待，其最终效果自然不会理想。

第三，独立董事占比不高，运行架构不完善。

作为独立于股东和经营管理层的外部第三方，独立董事要想发挥作用，必须形成一定的群体优势和表决权优势，即在董事会及有关专门委员会中占有多数。我国商业银行独立董事效用表现不佳，跟独立董事人数少、在董事会中占比不高有密切关系。按照《指引》的规定，商业银行董事会中至少应当有 2 名独立董事。在目前大多数银行董事会成员在 13~19 人的情况下，2 名独立董事的占比明显偏低。即使是按照《意见》的规定，董事会成员中有三分之一的独立董事，也很难对董事会决策产生实质性影响。从 14 家上市银行的情况来看，有 3 家银行未能达到 1/3 的要求，有 6 家银行恰好为 1/3，其余 5 家银行则略微超过 1/3。显然，即使是上市银行也不过是按照有关规定的最低要求进行设置。与此形成鲜明对比，美国上市公司董事会中的独立董事占到多数，数据显示，20 世纪 80 年代后，美国董事会成员中独立董事占比大幅提高，目前，在平均 11 人的董事会成员中，独立董事占到 9 名左右。

除在董事会中的人员占比外，合理的运行架构也有利于独立董事作用的发挥。比如作为美国最佳公司治理实践指引之一的加利福尼亚公务员退休基金(CalPERS)有一项核心原则，即审计委员会、董事提名委员会、董事会评估和治理委员会、CEO 评估和经理薪酬委员会以及纪律检查委员会等董事会附属委员会应该完全由独立董事组成。而我国的《指引》仅规定关联交易控制委员会和提名委员会主要由独立董事组成，并由独立董事担任负责人。独立董事的实际作用因此受到限制。

第四，独立董事的选任机制有缺陷，独立性受到影响。

独立董事的选任机制直接影响其独立性，进而影响其现实作用的发挥。为确保独立董事的独立性，其选任程序不应受到商业银行主要利益相关者的干扰，尤其是来自大股东和高级管理层的干扰。独立董事的选任机制应按照有利于其角色定位发挥作用的原则设计。由于相关制度对独立董事角色定位的描述模糊不清以及对独立董事提名的规定不完善，造成我国商业银行在独立董事选任上的两种不合理情形：一种情形是独立董事由大股东提名，进而成为大股东利益的代言人，保护中小股东的利益也就无从谈起；另一种情形是独立董事由银行内部人提名，进而代表高级管理层的意志，独立性大打折扣。不管是哪种情形选任出的独立董事，都背离了制衡大股东、董事会及高级管理层的制度设计初衷，现实作用自然不容乐观，流于形式、成为摆设、与高级管理层共谋等问题也就不可避免。

第五，独立董事的知情权得不到保障，信息获取受到限制。

充分的信息和对银行经营管理状况的了解是独立董事有效参与董事会决策并发挥作用的前提。由于独立董事不参与银行的日常经营，为发挥其作用就必须赋予其法定的知情权，并建立起顺畅的信息获取渠道。我国商业银行独立董事作用不大与知情权得不到保障、信息获取受到限制有很大关系。在现有的独立董事制度中，《指引》对独立董事的信息获取渠道、信息内容等并无明确规定；而《意见》也仅提出，“上市公司应为独立董事履行职责提供必需的工作条件，董事会秘书应积极为独立董事履行职责提供协助，如介绍情况、提供材料等”，对于具体的信息提供程序并无明确规定。制度规定的不完善使得独立董事的知情权无法得到保障。在缺乏足够信息的情况下，纵使独立董事有能力和意愿积极发挥作用，也难以有所作为。更为重要的是，上述情况造成独立董事与银行高级管理层之间信息的严重不对称，且高级管理层在很大程度上控制着独立董事所能获取信息的类型、内容及数量，独立董事对高级管理层的有效制衡与监督也就无从谈起。

第六，独立董事的专业能力和从业经历制约其作用的发挥。

作为经营风险的特殊企业，商业银行的经营管理与一般工商企业有很大不同，特别是近年来金融创新层出不穷，商业银行的经营管理发生了很大变化。因此，商业银行独立董事效用的发挥在很大程度上取决于其专业能力和从业经历。我国商业银行现有独立董事银行从业经历的缺乏和专业能力的不适应影响了其发表意见的专业性，并制约了其参与董事会决策的有效性。以 2008 年 14 家上市银行为例(参见表 2)，在 77 名独立董事中，仅有 22%的具有银行工作经历；占比最高的为大学及研究机构人员，即通常意义上所说的经济学家独立董事，占比为 46%，具有企业(含银行)工作经历的独立董事占比仅为 37%，具有政府单位及监管机构工作经历的占比为 17%。而笔者进行的不完全调查也显示，部分商业银行选择独立董事更看重其社会名气和社会关系，而不是对商业银行经营管理的精通程度。此外，在 14 家上市银行的 77 名独立董事中，有 47%的同时兼任其他公司的独立董事，有两位独立董事同时兼任其他 5 家和 7 家公司的独立董事，已超过有关制度规定的“最多 5 家”的限制。独立董事在多家上市公司任职，并身兼数职，事务繁忙，必然影响其为商业银行工作的时间和效果，以至于少数独立董事连基本的参加董事会会议都不能保证。

第七，绩效评价机制不完善，独立董事工作的动力和压力不足。

科学完善的绩效评价机制可以为独立董事充分履行职责提供激励和约束。我国商业银行尚未建立起针对独立董事的、科学的绩效评价机制，从而造成其工作的动力和压力不足。这也是我国商业银行独立董事作用不明显的重要原因之一。从激励方面来看，商业银行为独立董事提供的均为固定薪酬(津贴)外加会议补贴(参见表 3)，这种没有差异的薪酬制度对独立董事的激励明显不足，而且对那些非常尽职的独立董事是一种打击,很容易造成“代理人偷懒问题”,最终所有独立董事的效用表现也都趋于无差异。此外,如果给予独立董事较高的固定薪酬,容

表3 上市银行独立董事薪酬情况一览表

编号	银行名称	平均薪酬（万元）	平均任职时间(月)	备注
1	北京银行	20.0	56	赵海宽持有公司8915股，何恒昌曾为公司董事长，并持有公司股份141304股。独立董事薪酬无差别。
2	工商银行	29.1	38	黄钢城本年度未在公司领取报酬。
3	华夏银行	16.7	42	/
4	建设银行	40.0	33	/
5	交通银行	18.8	41	/
6	民生银行	66.0	29	梁金泉报告期内未领取报酬，未参与平均薪酬计算。
7	南京银行	7.0	44	颜延于2008年6月任公司独立董事，其任职期限未参与计算。
8	宁波银行	22.8	25	独立董事薪酬无差别。
9	浦发银行	20.0	2	陈学彬、徐强、李小加和王君报告期内未领取薪酬，其余独立董事薪酬无差别。孙静、李扬任职期限为39个月,其任职期限未参与计算。
10	深圳发展银行	80.8	23	/
11	兴业银行	29.0	35	/
12	招商银行	30.0	27	独立董事薪酬无差别。
13	中国银行	47.5	28	/
14	中信银行	30.0	23	独立董事薪酬无差别。

资料来源:各上市银行2008年度报告

易造成独立董事对商业银行形成依赖，出于经济利益考虑而沦为高级管理层的附属。从评价方面来看，《股份制商业银行公司治理指引》提出，独立董事的评价应当采取相互评价的方式进行。对于那些平常并不在银行上班，只在参加董事会或专门委员会会议时才能碰面的独立董事来说，相互评价更多的是一种形式，并无太多实质意义。特别是在商业银行仅有 2 名独立董事的情况下，其中任何一位独立董事都很容易知道另一位独立董事对自己的评价(反之亦然)，从而不得不小心“行事”，使这种评价方式流于形式。

第八，独立董事市场未形成，市场激励和声誉约束缺乏。

在国外成熟的市场环境中，独立董事工作的积极性更多地来自于市场激励和声誉约束，其对声誉的追求和重视程度甚至于超过金钱。反观我国，独立董事大多由经济学家、退休的政府官员及在任企业高管担任，他们对来自商业银行内部的激励约束并不敏感，而在独立董事市场缺乏的情况下，他们也无法受到来自市场的激励与约束。换句话说，独立董事的工作业绩无法通过市场反映出来，社会公众也无法通过市场对独立董事的尽职情况进行评判，来自于市场的激励作用失效。一方面是有关制度和社会公众给予的过多职责和期待，另一方面则是不足的内外部激励约束，独立董事履行职责、承担责任的积极性自然不高，效果也就可想而知。

三、如何提升商业银行独立董事效用

独立董事的主要功能是防范大股东侵犯小股东和其他相关者的利益，在目前情况下如何才能有效提升商业银行独立董事的效用呢？

1. 完善相应的法律法规，明确独立董事的责权利

针对我国商业银行独立董事制度多样和不统一的现状，银行业监管机构应统一对各类商业银行独立董事制度的各项要求，出台专门、统

一的独立董事制度指引或办法。更为重要的是,在现有相关规定的基础上,进一步明确、细化对独立董事责任、权利和义务的规定,明确责任追究和免责情形;进一步明确独立董事的任职要求并增加与商业银行的特殊性相适应的条件;建立独立董事资格认证、持证上岗及后续培训年检制度,提高独立董事的整体水平。

2. 明确独立董事的定位,赋予其相应的决策权

从立场、角色和作用三方面对独立董事的定位在相关制度中进行明确。具体来说,在立场方面,应进一步强调独立董事作为第三方的独立性,代表和维护的是整个公司的利益,尤其关注存款人和中小股东的利益;在角色方面,明确其为制衡者而非监督者;在作用方面,着重突出其在维护利益相关者利益、改善公司治理、制衡大股东、董事会和高级管理层权力方面的作用。在明确独立董事制衡者定位的同时,赋予其决策权,进一步提高独立董事在董事会中的占比,审计委员会、薪酬考核委员会等应由独立董事占多数甚至全部由独立董事组成,以建立独立董事的群体优势和表决权优势。为避免独立董事沦为董事会简单多数议决制下的陪衬,可以赋予独立董事业务监督权、直接的临时股东大会召集权、表决权等特殊权力。

3. 完善独立董事选任机制,进一步提高独立董事的独立性

为改变目前独立董事事实上由大股东或银行高级管理层选任的现状,在制度中明确独立董事由中小股东或行业监管机构提名,以维护中小股东的利益,并确保独立董事的独立性。积极探索和尝试由银行业监管机构提名,股东大会选举决定的选任方式。引入"股东不能同时提名董事和独立董事"条款以及"大股东回避"条款,避免独立董事的选任受到大股东的干扰。

4. 制定专门的独立董事知情权制度,保护独立董事的信息获取权

制定专门的独立董事知情权保障办法或指引,赋予独立董事法定

知情权和信息获取权，并明确知情权的内涵及保障、信息获取渠道、信息类型等内容；明确银行在确保独立董事知情权方面的责任和义务，并将银行的执行情况作为对外信息披露内容。同时，授权独立董事直接接触银行内部重要的当事人，以获取第一手资料，避免信息受到银行高级管理层的控制和过滤。

5. 完善激励约束机制，提高独立董事参事议事的积极性和有效性

在薪酬制度方面，改变现行的单一固定薪酬做法，根据独立董事的不同表现实施差异化薪酬，将独立董事的报酬与其绩效评价及银行经营业绩挂钩，以激发独立董事工作的积极性和对银行经营情况的关注；探索引入延期支付和股票期权制度，促使独立董事更加关注银行的长期发展；尝试向表现优异的独立董事支付少量银行股权，使独立董事成为中小股东，以便更好地维护中小股东的权益。在绩效评价方面，改变现行的单一相互评价模式，实施相互评价、银行评价、市场评价与监管机构评价相结合的方式，完善评价指标体系，除包含独立董事参加会议次数、发表意见数量等基本指标外，评价指标还应包括发表意见被银行采纳情况、在银行工作的时间、主动提出的议案数量等内容。

6. 建立独立董事市场，强化独立董事的市场约束和声誉激励

由监管机构或银行业协会负责推动建立独立董事人才库，为独立董事建立信息档案，并将独立董事年度绩效评价结果纳入其中，定期向商业银行和社会公众公布。人才库作为商业银行选择独立董事的来源。在人才库的基础上逐步形成完善的独立董事市场。在该市场上，对独立董事实施分类管理，通过市场公开传递信息的机制，使独立董事的声誉与其作为紧密联系在一起，凡有“污点”或因不尽职而遭解聘的独立董事将被实施黑名单、市场禁入等处罚措施，而那些表现出众的独立董事则获得高评级和优先推荐权等奖励措施，从而强化市场和声誉对独立董事工作的激励和约束作用。

短论

REMARKS

农村土地所有制改革的三条路

和谐发展与理性繁荣

农村土地所有制改革的三条路

贾　康

公共财政框架下如何管理国有土地资金，这个题目本身的内容其实相对简单。我国在制度上已经明确规定，地方政府所有的土地收入必须进入预算，意味着这些资金要接受公共财政全套预算程序的约束，而且预算发展的方向，是越来越接近现代意义上公共财政公开透明的要求，在程序中加入民意以后，经过法治化、民主化的制度安排决定预算资源配置。

一、公共财政预算管理体制改革进展

目前落实公共财政框架下管理国有土地资金这一制度框架已没有什么硬障碍，就是怎么往前推的问题。具体方式，一般是按规定使政府的土地收入，进入预算的基金账户，属于特别的资金专户。财政部也已经明确提出，以后在预算体系中，大致要分别形成几种相对独立的预算形式：一是公共收支预算，即过去所说的经常性预算；另一块叫基金预算。这里面就包括土地收入资金（它的特点是属于专项收入。往往土地

作者系财政部财政科学研究所所长、研究员。本文是在《土地管理法》修改研讨会上的发言，根据速记稿整理。

收入的不稳定性比较大,关联于政府当年在辖区内“招拍挂”成交多少块地皮,可能某年一下出现一个收入高峰,第二年却可能一块都不卖,那就没有什么现金流)。此外,还有国有资本预算,中央一级已从2008年开始正式运行了。在现有的设计框架里,还有一个社会保障预算。如果它真正实行起来,可能要有一个前提,就是把我们国家社保体系中“统筹”的层级提高到省级统筹,直到全社会统筹,社保收费要改成社会保障税。

目前根据国有土地资金财政管理的制度框架,就是要实质性地推进收入的公开、透明,真正接受现代意义预算程序里面应该有的约束,并通过一些参与式预算等改革试验,越来越多地、实质性地形成公众意愿的表达机制,落实公众的知情权、质询权、建议权,乃至最后公共财政中的民主决策权,从概念到实际一步一步演进到位。

与这样一个大思路相配套,要在国有资产、国有资源、国有资本管理体系方面,进一步理清一些关系。我们国家现在大的框架是,党的十六大以后明确了中央地方分级行使国有资产出资人职责,成立了专门机构——中央层面是国资委,地方省市级也成立了相应的机构。现在中央层面的国资委主要管非金融类的大企业,已经把200多家重组到100多家,现在还想把数目进一步调减到100家以下。地方的情况各自不同,已做出了一些探索。

金融方面,一个重要的管理主体实际上是汇金公司。汇金现在作为国家主权财富基金下的独资公司,是中投公司里最有实际影响力的法人,汇金正在控股工商银行、农业银行、中国银行、建设银行和其他一些银行,包括光大银行等等。金融系统的深化改革中,也在处理原来的资产管理公司怎么转型(从处理金融系统的呆坏账,转到以后真正的企业化状态上去)等问题。

二、中国土地所有制改革道路选择

在勾画了上面这个图景之后，我们必须强调，这套关于国有土地资金和相关的国有资产管理的制度框架，虽然论述起来比较清楚，但土地所有权层面的问题似乎要大得多。

首先，与土地相关的租、税、费性质各不相同，需要各行其道。国有土地资金，狭义地讲首先是租的性质，属于所有权收入。一旦土地所有权被认定是国有的，它的租金就应当与前面所说的基金预算管理形式联结起来。但是，我们首先要讨论"国有"土地的认定问题。"文革"中白纸黑字表明中国所有的土地都是国有的，但现在查阅起来，那还不是宪法层面的解释，只是那时实际的处理基本上是这样的路子。1982 年修改宪法时把土地所有权分成两块：国有和集体所有。到现在，改革开放三十年了，土地所有权在改革中往前走，到底怎么走，争议很多，莫衷一是。

其实简单地说有三条路。第一条路：维持现状不变，农村土地还是集体所有，城镇土地还是国家所有。但是这样做，矛盾显而易见，现实生活中的冲突层出不穷，弊端日趋突出，积重难返，越走路越窄。我们过去称为"集体所有"，但实际上不少农民是"被集体化"的，不是真正自愿结社，不是进出自由的。即使按照自愿结社状态来设想，土地届时能不能随着自由意志的社会成员，实现跟着走的流动呢？似乎操作上也无法实现。比如说一个村子里面，有外面的姑娘嫁进来了，你给不给她一块地？实际处理情况可能千差万别；如果村里的姑娘嫁出去了，你给不给她一块地带走？肯定不行。于是往下走，要对现实中的相关"流动"问题构造可持续的规范机制，所有的程序都不可能，它的"集体所有"的意义在现实生活中，很显然是一个空洞的东西。集体概念之下想寻求这种土地制度实际的、符合市场经济规则的流转，我个人感觉是一个死结，看不到出路，它带来的很多矛盾以后会越来越制约中国的城镇化、工业化、市场化和城乡一体化发展。

如果说维持现状会使路越走越窄，那么就要找另外的路。第二条路：能否真正实行耕者有其田，把农民承包地确定为就是他自己的所有权？这条路，这么多年从政治和社会承受力上看，怎么也过不去，决策层恐怕形成不了这样的一致决策。实际执行起来，方方面面的认同也都说不上。这条农村土地私有之路，且不说其后土地兼并、用途改变等必然带来的棘手问题，只说其第一步，就看不到可操作性。

那么还有第三条路，用“排除法”剩下的最后一条道：就是把所有的土地按照香港的模式，在法律上都确定为国有——这个问题很值得探讨。假定这条路要往前走，可在法律上宣布所有土地都是国有的同时，宣布在农村实行永佃制，就是给务农者的土地承包制一个更清晰的稳定、长久的表述，保护已实行三十年左右的农用地承包制的格局，实际上不受实行土地国有制的影响，形成其持续实施无障碍状态。以后的变化，还可以按照中国的渐进改革路径往前推。关键是，同时在城镇土地方面要做好一套方案，至少是相对而言对历史和公众能交代过去的一次性理清、归还历史欠账的方案，过去该怎么处理的事情，给它一个交代和了结（当然有些也可以是“案例”性质的），其中应该包括一次性解决好“小产权房”的问题，就是新定一个契约：有多种选择，协议双方选择一种，用这个契约替代以前认可作为凭证的东西，给一个无后遗症的新起点。在这种情况下，是不是有可能进入一个统一市场中的无阻碍状态，就是全部土地都是国有土地，凡是其使用权流转环节上的租金，就进入预算——但相当长历史阶段上，农地另行处理，实际上不要求上交农地的地租。

至于国家凭借社会管理者身份征收的税，那是属于另一性质的问题。现在土地招拍挂成交价格体现的是租金价格，而其市场交易环节上收的营业税、所得税、土地增值税,以及以后应出台的房地产保有环节上的物业税(房地产税),那是税的概念。

再有,你拿了这块地,如果去建停车场收停车费,那是费的概念。租、税、费三者是可以理清的。

在这个大的框架下，至少可以积极探讨解决我国土地所有权难题的大方向。思来想去，我认为无非有上面这三种理论上和逻辑上可排列的出路。如果否定了维持现在越来越成问题的“集体所有”,否定了不可操作的农村真正的土地私有制的法律处理，似乎就只剩下这么一个方向了。

和谐发展与理性繁荣

赵逸南

希腊神话里,当一群凡人正在爱琴海边的岩石上筑起一座城池时,众神之王宙斯就预见了此城日后必将成为地球上最光荣的一邑。海神波塞冬与宙斯的女儿雅典娜都想成为这座城的保护神。宙斯提议:"谁能给人类一件最有用的东西,谁就成为城邑的保护神,并用他(她)的名字来命名。"这座城市的建立者们——一群凡人,则被召唤来作为他们自己命运的裁判。

一、丛林法则的落败与和谐发展的胜利

海神波塞冬威严地挥舞着他的三股叉,立刻山峰为之震撼,土地裂了开来,一匹毛色如雪、四足如风的神马从地下跳出来,飘荡着鬃毛傲然奔驰过山谷。"请看我的赐物,"海神说,"有什么比这样一匹神马更能带给你们更大的疆域、更多的财富和更高的荣誉呢?"雅典娜则徐徐俯身及地,在地上种下一粒种子。她不说一句话,但依然恬静凝定地望着人类。立刻,他们看到地上生出一株小小的绿芽,再长出树枝,树上挂满浓密的果实。"波塞冬的神马给你们带来了战争、哄抢与痛苦,而我的橄

作者系海南省财政厅工作人员。

榄树则将带给你们健康、丰收与平等,是人人过上幸福生活的保证。难道你们的城邑还不该以我的名字命名吗?”于是人类众口一词说:“雅典娜的赐品更好,让我们的城邑以雅典为名。”

从经济学的角度来看,波塞冬与雅典娜的较量,正好象征着两种经济发展路径的选择。波塞冬提供的是一条霍布斯丛林状态的经济发展途径。在这种状态下,自由竞争,人人都以自己利益最大化为目的行事。作为这一象征的战马可以带来成功、发展与荣誉;但马如果没有被套上笼头,人人为己,效率优先,伴随着强者为王的赛马逻辑而来的,必然是贪婪、自私、腐败、背信弃义,以至最后的自相残杀,20 世纪 30 年代的大危机就是完全竞争的市场经济的结果。雅典娜为什么能够赢得人民?因为橄榄枝昭示着机会均等与和谐发展的社会建设路径,它不仅意味着经济总量的增加、经济规模的扩大,而且还意味着解决了有增长无发展的问题,让所有人享受发展成果,昭示着公平与正义,而这又是自由和幸福的保证。

是什么使雅典人选择成为雅典,而不是波塞冬?因为他们的智慧告诉自己,在不受约束的充分竞争条件下,神马很可能脱缰而成为权力与自私的野马。同样,单纯为增长而增长的经济发展路径,最后也会迷失自己的方向,落入巴格瓦蒂提出的“贫困化增长”的陷阱。“二战”以来的“拉美奇迹”和“拉美陷阱”,“有增长、无发展”,大多数人享受不到增长的后果。前车可鉴!回首我国三十年的经济增长,一方面我们取得了巨大的成功,但另一方面这种增长也带来了许多难以解决的问题。消耗全球 30%的石油、35%的煤炭和 45%的水泥,产出则只占世界 GDP 的 7%,经济效率低下;货币方面,用几乎相当于美国货币的总量来维持一个只占其 GDP 三分之一的经济的运行;更重要的是,我国基尼系数已经扩大至 0.458,临近两极分化的界限,城乡差距、地区差距越拉越大,社会矛盾日渐突出,群体事件频频发生。为什么发达国家能够用 2%~3%

的经济增长保持经济和谐运行，而我国则每当低于8%时，就会产生各种各样的问题？在我们为经济成功"保八"而欣慰的同时，是否也应该警惕这种高增长模式下"波塞冬的赐物"的阴影？

二、理性繁荣之路

现代经济学之父亚当·斯密有两部影响深远的著作：《国富论》和《道德情操论》。在经济学的圣经《国富论》中，他提出了每个人只要追求自己的利益，就可以通过"看不见的手"达到社会的共同繁荣。但斯密绝不是指一个社会就应该以财富增长为目的，或者追求以邻为壑式的繁荣。因为，在《国富论》成书之前，斯密就先写下了自认为更不朽的《道德情操论》。他在书中写道："人们不应把自己看做是某一离群索居的个人，而应该把自己看成是世界中的一个公民。"因此，"在经济的头顶上，其实是道德的天空"。一个社会经济的发展成果如何衡量，首先要看它是否"流淌着道德的血液"。如果它不能真正分流到大众的手中，那么正如温总理所说，"这种成功在道义上是不得人心的，而且是有风险的，因为它注定要威胁社会稳定"。

在三千年前城邑命名权的竞争中，海神与智慧女神各自提出了一套实现经济增长的长期路径作为他们的施政纲领：波塞冬通过快马加鞭(不停地投资与积累)使经济加快发展；雅典娜则通过提供具有外部性的公共产品、保障社会公平与福利带来稳定和繁荣。神话给我们的启迪是：加快发展是必需的，但要选择合理的发展路径，更要注意发展成果人人共享，要提供具有外部性的公共产品，保障社会公平与福利，实现和谐发展。在这种发展模式下，即使经济保持中低速的增长，社会也能保证持久的稳定和繁荣。智慧女神雅典娜在获得了人民的拥戴后，说了一段话，它已成为雅典的箴言，被刻在帕特农神庙的铭文之上——"我已得了胜利，这里将是我的家。我的孩子们将在这里，于幸福与自由中长大成人。人类之子们将到这里来学习法律与秩序。他们将在这里见到，当凡人们得到住在俄林波斯山上的诸神的助力时，他们的手将会做出什么伟大的事业来；当自由的火炬在雅典城熄灭时，它的光明将被传到别的地方；人们将会明白，我的赐物仍将是最好的；而他们将说，尊重法律、尊重思想与行动的自由乃是从厄瑞克透斯的名为雅典的城传给他们的。”

只有秉着智慧女神赐予的烛光，穿越非理性繁荣的丛林，经济增长才能达到和谐的殿堂。

调研报告

RESEARCH REPORT OF FIELDWORK

农业大区的农牧民增收之路

农业大区的农牧民增收之路

党校课题组

近些年来,新疆的农牧业生产取得了巨大进步,但由于面临一些深层次的困境,农牧民增收仍然困难。只有破解农牧民增收的制约因素,新疆才能在2020年顺利实现全面建设小康社会的发展目标。

一、新疆是中国特色农产品的重要产区

新疆维吾尔自治区位于我国西北部,地处亚欧大陆腹地,面积166.49万平方公里,与8个国家接壤,有5600多公里边境线,对外开放一类口岸17个、二类口岸10个。新疆现有14个地、州、市,87个县(市),其中33个为边境县(市)。2007年新疆城乡总人口有2095.19万人,其中城镇人口820.27万人,农村人口1274.92万人。

新疆农牧业资源丰富,经过多年的开发,目前成为全国最大的加工番茄、啤酒花、红花、枸杞、甜菜糖生产基地。其中加工番茄酱出口量占世界贸易总量的1/4,啤酒花产量占全国总产量的70%,甜菜总产和单产均位居全国第一,总产量586.9万吨,占全国甜菜总产量的65.7%。

本报告为中共中央党校经济学部承担“少数民族地区社会主义新农村建设研究”的调研成果之一,课题组成员张燕喜、潘云良、李鹏,执笔人李鹏。

新疆有可利用草场面积7.2亿亩，牲畜品种资源和野生动植物资源丰富，是全国五大牧区之一，其中细羊毛产量占全国总产量的1/3。瓜果业是新疆种植效益最高的产业，也是新疆的优势和特色产业，"吐鲁番的葡萄哈密的瓜"享誉海内外，新疆林果总面积达到1100万亩，果品总产量750万吨，林果业已成为新疆农牧民增收的亮点。

新疆农业经济的"王牌"产业是棉花，2008年棉花总产量达到301万吨，创历史最高水平，占全国棉花总产量近40%。新疆棉花在品质、商品量、调出量、单产、总产等方面均位居全国第一，是我国唯一的长绒棉产地，新疆已经成为我国不可替代的最大商品棉基地，对全国棉纺工业的发展做出了巨大的贡献。

二、新疆农牧民的收入特点

新疆各级政府在大力促进农业生产的同时，始终把增加农牧民收入作为第一任务，以农业增产、增效带动农牧民增收。尽管新疆农牧民的收入逐年增加，但与全国农民的收入水平相比，新疆农牧民的收入仍然存在较大差距。

1. 新疆农牧民收入基本状况：农牧民纯收入逐年提高，但与全国的平均水平差距逐渐扩大

新疆农村居民人均纯收入1978年只有119元，1995年达到1137元，2003年突破2000元，2007年突破3000元大关，人均纯收入达到3183元。与全国平均水平相比，新疆农牧民收入仍然有相当大的差距。2007年新疆农村居民人均纯收入为全国平均水平的77%，排在全国第25位，属于低收入地区。表1反映的是1978~2007年新疆与全国农村居民人均纯收入的差距，从中可以看出：新疆农村居民人均纯收入与全国平均水平的绝对差距在逐年扩大，由1978年的14.6元扩大到2007年的957元；二者之间的相对差距在20世纪80年代和90年代初期实

现了逐年缩小，但从 90 年代中期开始没有能够呈继续缩减的趋势，基本停滞在 70%~80%的相对差距范围内(参见表 1)。

表 1　1978~2007 年新疆与全国农村居民人均纯收入差距比较

年份	新疆农村居民人均纯收入(元)	全国农村居民人均纯收入(元)	新疆与全国的绝对差[①](元)	新疆与全国的相对差[②]
1978	119	133.6	−14.6	0.89
1980	201	191.3	9.7	1.05
1985	394	397.6	−3.6	0.99
1990	684	686.3	−2.3	0.997
1995	1137	1578	−441	0.72
2000	1618	2253	−635	0.72
2003	2106	2622	−516	0.80
2006	2737	3587	−850	0.76
2007	3183	4140	−957	0.77

数据来源:《中国统计年鉴 2008》《新疆统计年鉴 2008》

2. 新疆农牧民的收入结构特点:家庭经营收入高、工资性收入低

新疆得天独厚的农业资源，为农牧民提供了较好的农业生产经营条件，农牧民更多地依靠扩大种养殖业规模来提高家庭经营收入，外出务工的工资性收入和其他形式收入在收入构成中比重非常低。

从新疆各地州的情况看，尽管各地州的农业资源条件存在较大差异，但是各地州农牧民的收入均以家庭经营为主，工资性收入都不高。新疆北部塔城地区人均耕地面积达到 10 亩，是新疆人均耕地最多的地区，2007 年农村居民人均纯收入是 4301 元，在 59 万农村人口中，实现劳动力转移 5.2 万人次，不足人口的 10%，劳动力转移获得的工资性收

① 绝对差=新疆农村居民人均纯收入−全国农村居民人均纯收入.

② 相对差=新疆农村居民人均纯收入/全国农村居民人均纯收入.

入共有 2.1 亿元，务工劳动力的人均收入是 4040 元，全地区农村居民人均劳务收入仅有 383 元，只占到人均纯收入比重的 8%[①]。新疆南部喀什、和田、克州(全称克孜勒苏柯尔克孜自治州，后同)三个地区尽管农村人口多、人均耕地非常少，但家庭经营收入依然是农牧民最大、最主要的收入来源。喀什地区人均耕地面积有 2.29 亩，2007 年在农村居民 2394 元的人均纯收入中，家庭经营收入的比重达到 82.59%，务工获得的工资性收入只有 198.40 元，只占人均纯收入比重的 8.29%[②]。和田地区是新疆劳务经济发展最快的地区，农村劳动力工资性收入在新疆各地州中最高。2006 年完成农村富余劳动力输出 22 万人次，增长 17.3%，实现劳务创收 2.46 亿元[③]；2007 年和田地区农村居民的工资性收入达到 325.59 元，也仅占全部人均纯收入 1757 元的 18.53%[④]。

从新疆与全国的农民收入结构比较看(参见表 2)，尽管新疆和全国农村居民工资性收入比重都在增加，但全国农村居民的这项收入比重显著上升，从 1990 年的 20.22%提高到 2007 年的 38.55%，同期新疆农村居民的这一比重从 8.27%提高到 10.39%，增加幅度只有 2.12%，远远低于全国 18.33%的平均增幅，仅略高于全国平均水平的 1/8；从家庭经营收入比重的变化来看，这项收入全国平均比重从 1990 年的 75.56%下降到 2007 年的 52.98%，降幅达 22.58%，同期新疆农民的家庭收入比重从 89.65%下降为 82.49%，降幅只有 7.16%，不足全国平均水平的 1/3；从转移和财产性收入的比重看，1990 年全国平均比重为 4.22%，新疆农村居民的这一收入比重是 2.08%，2007 年该比重全国上升到 8.46%，新疆上升到 7.12%，全国与新疆的增幅分别是 4.24%和 5.04%，

① 塔城统计年鉴 2007.新疆：新疆年鉴出版社，2007.

② 2007 年喀什年鉴.新疆：新疆人民出版社，2007.

③ 2007 年和田年鉴.新疆：新疆人民出版社，2007.

④ 新疆统计年鉴 2008.新疆：新疆人民出版社，2008.

二者比较接近，差距不大。

表 2 按照收入来源全国与新疆农村居民纯收入的收入结构比较 单位：%

	工资性收入比重		家庭经营收入比重		转移和财产收入比重	
年份	全国	新疆	全国	新疆	全国	新疆
1990	20.22	8.27	75.56	89.65	4.22	2.08
1995	22.42	5.67	71.36	85.14	6.23	9.19
2000	31.17	6.46	63.34	89.69	5.50	3.84
2006	38.33	9.28	53.83	84.87	7.84	5.85
2007	38.55	10.39	52.98	82.49	8.46	7.12

数据来源：《中国统计年鉴 2008》《新疆统计年鉴 2008》

从新疆与全国不同地区的农牧民收入结构比较看（参见表 3），由于财产性和转移性收入在农民纯收入的构成中差距不大，工资性收入和家庭经营性收入差距较大，因此，工资性收入越高，人均纯收入也就越高，不同区域农民的收入差距主要受工资性收入高低的影响。2007 年东部地区的农民人均纯收入最高，达到 5855 元，其中工资性收入达到 2796 元，在总收入中比重高达 47.75%；西部地区农民的人均纯收入最低，工资性收入为 944 元，占总收入比重的 31.18%，在各区域中最少。新疆属于西部地区，农民纯收入尽管高于西部 3028 元的平均水平，但其中的家庭经营收入有 2626 元，占总收入的比重高达 82.49%，是全国比重最高的省份；工资性收入仅有 331 元，占总收入的 10.39%，是全国比重最低的省份，新疆农民的工资性收入略高于西部地区平均水平的 1/3、全国平均水平的 1/5，不足东部地区平均水平的 1/8。

可见，正是由于新疆农牧民的家庭经营收入比重非常高，工资性收入少、比重低，导致农牧民收入水平偏低，不能够缩小与全国农民人均收入水平的差距。因此,新疆农牧民增加收入,缩小与全国的差距,必须在保持家庭经营收入稳步增加的同时,下大力气提高农牧民的工资性收入。那么,究竟是哪些因素制约着新疆农牧民收入的增长呢?

表3 2007年全国分地区农村居民人均纯收入结构比较 单位:元

项目	东部	中部	全国平均	东北	西部	新疆
工资性收入	2796	1492	1596	1049	944	331
家庭经营收入	2518	2134	2194	2764	1832	2626
财产和转移性收入	541	218	350	535	253	227
人均纯收入	5855	3844	4140	4348	3028	3183

数据来源:《中国统计年鉴2008》《新疆统计年鉴2008》

三、新疆农牧民收入增长的主要制约因素

新疆作为一个多民族聚居的少数民族欠发达边疆地区，农牧民人均收入低、结构单一的状况,主要是由于特殊的经济结构制约形成的。

1. 新疆南北疆资源分布差距大,区域经济发展不平衡

新疆农村居民的收入不仅与全国有着较大的差距，而且在全疆不同地州、农区与牧区之间,南疆和北疆之间,存在更大的差距。2007年,南北疆农牧民人均纯收入分别为2774元和4606元，收入差距达到1832元,其中南疆三地州(喀什、克州、和田)与北疆乌鲁木齐市和昌吉回族自治州在经济社会发展各个方面存在相当大的差距，三地州的人均收入都低于全疆平均水平(参见表4)。

南疆三地州农村居民收入低，与其他地州差距大的重要原因是受到自然资源条件的限制。三地州自然环境恶劣,生存生产条件差,大部分地域是沙漠、戈壁和山地,其中和田地区沙漠、戈壁和山地面积占到96.3%,克州山地面积占到90%以上。三地州基本属于干旱、极干旱地

表 4　2007 年新疆各地州农村居民人均纯收入①　　单位:元

高于全国农民人均收入4140元的地州		高于新疆农民人均收入3183元的地州	
地州	人均纯收入	哈密地区	3940.00
乌鲁木齐市	5662.00	阿勒泰地区	3721.59
昌吉回族自治州	5436.69	伊犁哈萨克自治州直属县(市)	3583.55
巴音郭楞蒙古自治州	5210.08	阿克苏地区	3826.54
博尔塔拉蒙古自治州	5027.00	低于新疆农民人均收入3183元的地州	
吐鲁番地区	4438.00	喀什地区	2393.84
塔城地区	4300.89	和田地区	1757.45
		克孜勒苏柯尔克孜自治州	1571.00

数据来源:《中国统计年鉴 2008》《新疆统计年鉴 2008》

区,年均降水量不足 80 毫米,年均蒸发量在 2300 毫米以上,年均沙尘天气约 92 天,其中和田地区每年浮尘天气达到 220 天以上。地震等地质灾难以及大风、干旱、冰雹、暴雨、洪水和山体滑坡等自然灾害频繁,呈现灾害面广、突发性灾害多、灾害损失大的特点。由于长期受恶劣自然环境影响和耕地资源的匮乏限制,加之人口快速增长,三地州耕地虽仅占全区的 20%,却承载了全疆近 50%的农业人口,资源、环境、人口与发展之间的矛盾十分紧张。三地州的工业规模小,基础薄弱,基本处于起步阶段,既无力为地方财政增加财源,更不具备工业反哺农业的能力。2007 年,三地州生产总值 239 亿元,仅占全疆生产总值的 7.6%,人均生产总值 3918 元,相当于全疆平均水平的 26.1%。财政收支严重失衡,三地州地方财政一般预算收入 10.3 亿元,财政支出 88.1 亿元,支出是收入的 8.5 倍。三地州贫困人口集中连片,比例高数量大。南疆三地州所辖 24 个县市中,19 个是国家扶贫开发重点县,贫困人口占全疆 30

① 新疆共有 14 个地州市,其中克拉玛依市全部为城市人口,故此表不包括克拉玛依市。

个重点扶持开发县农村总人口的43%,2007年年末，三地州低收入贫困人口254万人,占全疆贫困人口总数的81.7%。

2. 新疆城镇化与工业化进程非均衡推进，城镇吸纳富余劳动力受到限制

经典发展经济学理论认为,在大多数情况下,城市化是工业化的伴生物。工业化的主要表现之一就是城市的规模扩张、数量增加、人口聚集。国内相当多的研究也从不同侧面证明了这一结果。从城市化结构看,一般认为,在工业化前的准备期,城市化率在30%以下;在工业化的实现和经济增长期,城市化率在30%~60%;在工业化后的稳定发展期,城市化率在80%以上。2007年,新疆城镇化率为39.2%,比2000年上升5.4个百分点,低于全国(44.9%)5.7个百分点,带有工业化初期的显著特征。根据钱纳里提出的工业产值、非农产业比重与城镇化水平之间的关系来分析新疆城市化结构,新疆的城市化速度、水平与工业化严重脱节甚至背离。2007年新疆工业增加值占GDP比重的39.9%,实际城市化水平只有39.2%，比钱纳里提出的工业产值比重相对应的城市化水平（52.7%~60.1%）低13个百分点；非农产业增加值比重为82.2%，比钱纳里提出的非农产值比重相对应的城市化水平（49.0%~52.7%)相差较大;工业就业和非农就业比重分别占总劳动力16.7%和49.7%，比较接近钱纳里提出的非农就业比重相对应的城市化水平(36.2%~43.9%)。可见,新疆的城市化率大大低于工业增加值和第二、三产业在GDP比重中所反映的工业化水平。

新疆的城市大多数分散在各个绿洲之上，绿洲又主要分散于准噶尔、塔里木两大盆地的边缘,全疆的城市基本上都是沿盆地的边缘分布。因此，新疆城市化所具有的特点很大程度上来自于新疆独有的绿洲经济。绿洲是干旱气候环境下的非地带性景观,被沙漠、戈壁分割成互不相连的相对孤立的小块,是荒漠区的绿岛,受周围干旱荒漠环境的包围,具

有很强的封闭性。由于绿洲均位于山前地带,依赖山区径流而存在,在一定地理区域内,各绿洲自然条件(除矿藏资源分布的差异外)、农业自然资源都十分相似,从而使得绿洲产业结构趋同,产业层次偏低产品档次不高,趋同的经济结构和发展模式使绿洲经济难以形成优势互补的格局。在新疆2万亩以上的绿洲有200多块,彼此之间只有极少数相距数公里,大多都在数十甚至数百公里。城市与乡镇均在绿洲之上,作为全疆政治、经济、交通中心的首府乌鲁木齐到其他18个城市的平均距离为742公里。各地州所属县市间的平均距离为155.3公里,最偏远的和田市到其他18个城市间的平均距离为1942公里。目前新疆的城市体系及布局结构不合理,人口超过百万的特大城市只有一个,即乌鲁木齐市,城市体系结构畸形,缺乏大城市、中等城市与之相衔接,从乌鲁木齐这个唯一的特大城市直接进入到数量众多的小城市。全疆只有两个地级市,其中克拉玛依市是一个以石油工业为经济支柱的资源型城市,虽然经济基础较好,但经济结构比较单一,对于劳动力的吸纳程度相对较低。

新疆城市化落后的另一个表现就是小城镇建设严重滞后。目前全疆建制镇平均人口仅为1.1万人/镇,镇区非农业人口平均只有3700人,有的集镇人口数量则更小。全疆大部分地区的农村小城镇的发展规模都比较小,大多小城镇实际上只是小城镇的雏形,与规模化发展要求相比还有很大差距。新疆小城镇发展迟缓,重要的原因是城镇发展缺乏产业支撑,第二、三产业发展缓慢,产业构成不合理,市场体系不健全。与沿海地区相比,新疆乡镇企业发展明显滞后,现有乡镇企业中,传统工业、建筑、交通、饮食服务行业比重较大,与农业的关联度不高,相关系数只有0.459,农产品加工业在农村乡镇工业中的比重很低,不足30%;乡镇企业中以农副产品加工、运销为主的龙头带动型企业数量少,农业企业不足乡镇企业总数的1%,不利于带动农村经济和农业产业化经营;乡镇企业产业趋同性大,产品缺乏竞争力,规模效益差,导致企业自身发展困难,劳动力吸纳能力弱,对农业增值的贡献小,更缺乏对小城镇建设的推动力。

新疆小城镇发展严重滞后带来了一系列经济和社会问题:农村大量剩余劳动力难以转移,阻碍了土地流转、农业生产率的提高和农民收入的增长;分散的农村居住生活方式缺乏对第三产业的需求,严重制约了农村第三产业的全面发展;农村人口低收入束缚了消费的需求和投资的增长;大量农村人口享受不到工业化、非农化带来的现代文明,人口素质难以提高。

3. 农牧民受教育程度低、普遍缺乏劳动技能,农村富余劳动力转移就业困难

目前,新疆农村劳动力中,文化程度状况是文盲半文盲及小学文化程度的占 49.38%、初中占 40.64%、高中及高中以上的占 9.98%,与全国比较分别高 12.7 个百分点、低 9.74 个百分点、低 2.98 个百分点。全疆初中毕业生升入高中阶段的升学率只有 56%左右,南疆三地州仅为 23%,接受过高中以上教育的农民不足 4%。

新疆农牧民大都缺乏汉语语言沟通能力,他们很难、很少离开新疆到外地就业,绝大部分局限在本地和疆内务工。近年来新疆各地不断加大了农村富余劳动力的职业培训力度,但由于职业教育工作滞后,现有的职业教育培训机构办学规模小、培训能力弱、培训经费短缺、培训设施和师资严重不足,极大地影响了富余劳动力的转移。从全疆各地州已转移的劳动力来看,具有初中以上文化水平的极少,仅占 10%左右,小学文化水平偏多,占 85%以上,文盲也不同程度地存在,因而只能从事一般性、简单性的对技能、技术要求不高的工种。根据新疆建设、交通、水利等部门反映,新疆地区农民工多数未经岗位技能培训,不具备基本的劳动技能,缺少安全知识教育,劳动熟练程度达不到企业用工的基本

要求，在基本建设工程项目中使用的疆内农民工，大多数缺乏基本生产技能，只能从事简单体力劳动。

目前，全国各地农村富余劳动力配置受劳动力市场的供求、价格调节，已经形成劳动力的自由流动机制。在改革开放过程中，伴随着外地劳动力进入新疆务工就业，在新疆实际上已经形成疆内外劳动者的竞争性劳动力市场。在新疆就业市场的竞争中，新疆农村劳动力的劳动技能和素质偏低，很多被排斥或者淘汰出劳动力就业市场。根据自治区流动人口专项调研，截至 2007 年年底，外地在新疆务工的流动人口已经突破 200 万人，接近 80%的流动人口是 2000 年西部大开发政策实施以后进入新疆，仅在乌鲁木齐市，旺季的外来流动人口就超过 50 万人，接近全市人口的 1/3。新疆的外来流动人员主要从事的工作集中在建筑、服务和农业领域，占城市第二、三产业雇佣人员的半数以上。正是由于新疆农牧民劳动力素质偏低导致的就业困难，使农村富余劳动力转移就业区域小，行业流动性差，增收渠道单一。

四、新疆农牧民增加收入的政策选择

新疆农牧民收入水平的提高必须跳出农村经济的范围，统筹考虑增加农牧民收入和城乡经济、社会一体化发展，即要通过提高农业综合生产能力增加农牧民收入，又应当注重开发和利用农村富余劳动力资源的人口红利优势，从而走出一条欠发达民族地区城乡协调、可持续发展之路，实现以人为本的社会进步目标。

1. 产业结构的战略调整点：从“增长优先”转向“就业优先”

新疆正处于经济社会发展转型时期，以重化工业为主导的工业化推进过程，导致新疆城乡经济和工业经济的二元结构矛盾十分突出，粗放型经济高速增长的就业弹性和收入弹性都较低，城乡劳动者不能有效融入工业化和城镇化的进程中。改变新疆日益恶化的城乡二元结构，必须对现有的经济结构进行战略性调整,从“增长优先”转向“就业优先”,以缓解日益增大的劳动就业压力。

按照新疆维吾尔自治区的规划,新疆产业结构调整的主要目标是:加强农业的基础地位,发展优质高产高效农业,推进农业产业化,把第一产业调优;壮大支柱和特色工业,积极发展高新技术产业,大力改造提高传统工业,把第二产业调强;加快发展信息、物流、旅游、综合服务等产业,把第三产业调大。新疆的这一产业结构调整目标必然引发就业结构的进一步变化,各产业间人员的流动会随着产业变化对劳动者的需求而调整,低素质的劳动就业岗位将逐渐减少,势必加重劳动者的就业压力。因此,在经济结构的调整过程中,新疆需要充分考虑经济与就业协调发展的同步性、动态性和层次性。新疆劳动力资源丰富,劳动密集型的传统工业仍有很大发展空间。所以,新疆在培育资本和技术密集型的“大企业大集团”发展的同时,应当优化企业的规模结构,鼓励中小型企业的创办和发育,充分利用新疆劳动力资源丰富的人口红利优势,发展第二、三产业中的劳动密集型企业,通过中小企业发展扩大就业规模。大型企业与中小型企业、资本技术型企业与劳动密集型企业协调发展,能够不断优化企业的规模和要素结构,有利于促进新疆各地产业集群的形成,在提高新疆产业整体竞争力和效益的同时,也可以增强对农村剩余劳动力的转移吸纳程度,有效缓解城乡就业压力。

2. 城乡经济社会一体化的结合点:促进县域经济社会发展

新疆以绿洲为生存基础的社会和经济发展模式与以高度聚集性为基本特点的城市化具有很强的相关性。总体上分割而封闭的绿洲地块要求在一个相对独立的范围内高度聚集,作为缺乏大中城市的新疆来说,以县域范围来促进经济社会发展是对这种城市化高度聚集性的最好选择。县域发展可以充分体现出城市化的聚集性,避免由于新疆地域广阔而造成的人口和经济的过度分散,提高经济和人口的空间集中程度，形成一定区域内的经济集聚和规模效益，降低经济社会发展的成本，加快新疆城市化的进程。由于地理上距离遥远，新疆县域应当建设以县城为中心的社会分工和专业化发展的基地，由县城与周边的小城镇组成一个社会和经济发展的网络，再由这些小城镇向其周边辐射形成县域范围内的点线面发展格局，产生有效的城乡联动机制，缩小城乡二元分化。通过县域经济社会发展，将农村劳动力的转移、工业化和城镇化发展有机统一起来。

县域经济不同于国民经济，县域经济不能“小而全”，要“宜农则农”、“宜工则工”、“宜商则商”、“宜游则(旅)游”，注重发挥比较优势，突出重点产业。从总体上说，新疆县域经济还是以农业、农村经济为主体的经济，全疆 87 个县(市)中，除乌鲁木齐市及克拉玛依市等地区外，其他绝大多数县(市)还是以农业为中心，县域作为工农业共同的市场，为农业和工业的有机结合提供了一个良性对接的场所。根据新疆县域经济中农业占主导地位的特点，应该以各地的特色农业作为出发点，建立以农业为基础，逐步向工业转化的经济发展体系，以带动经济总量的提高。特色农业的发展必然会带动相关的加工、包装及运输业的发展，从而形成初级工业体系产业链，促使县域成为农业产业化发展的基地，为农村剩余劳动力的就业提供容纳空间，剩余劳动力的吸纳充分扩大了县域的城市功能，使县域在城市化发展道路上有了实质性的突破。小城镇建设是县域经济建设的重要组成部分，小城镇的建设需要与农业、工业和第三产业的发展结合起来，否则小城镇发展就缺乏相应的产业经济基础，只有这样，小城镇建设才能吸引农村剩余劳动力就地转移就业。

3. 农民增收的重点：开发和利用人力资源，促进劳动力转移就业

从新疆人口年龄结构的变化趋势看，在今后较长一段时期内，仍将处于获取人口红利的黄金时期，人力资源存量将成为经济社会发展的

最大财富基础。新疆维吾尔自治区统计局根据第五次全国人口普查资料预测，新疆老年人口扶养比将由 2000 年 9.26%上升到 2030 年的 15%以上，而与此同时少儿扶养比将由 40.06%下降到 2030 年的 30%以下，总扶养比将由 42.90%上升至 2030 年的 45%以上。如果以总扶养比低于 50%作为人口红利测定量，人口红利会在 2030 年逐步枯竭，对经济增长发挥重要作用的人口红利效应将会逐渐减弱。[①]可见，未来十几年是新疆人口红利再利用的关键时期，更是新疆全面建设小康社会的历史机遇期。

新疆应大力提高劳动力素质，开发劳动力资源，加快农村劳动力转移，把增加农民劳务收入作为促进农民收入持续快速增长的主要措施，充分利用人口红利战略机遇期，把人口结构的优势最大限度地发挥出来。对新疆来说，开发利用人口红利，促进农村剩余劳动力的转移，不仅表现在增加农牧民收入等即刻见效的经济意义上，更重要的是体现为占多数的农村人口的价值观念、社会习俗和生产生活方式等社会文化的转变上，这种变化带来的结果是夯实新疆长期持续发展的劳动力资源基础。

新疆促进劳动力转移的核心是提高农牧民的素质，提高农民转岗就业的能力，把他们潜在的人力资源价值挖掘出来。在国家支持下，新疆应当加快推进少数民族“双语”教学，尽快在南疆三地州率先实行高中阶段免费教育，在此基础上，力争 2015 年在全区基本普及十二年免费义务教育。同时，力争“十一五”期间在全区高师院校实行师范生免费教育制度，在高等教育中逐步增加对家庭困难学生的补助，加大奖学金和助学金力度。大力支持新疆农村职业教育发展，提高农村新增劳动力

---

① 新疆维吾尔自治区统计局．抓住人口红利战略机遇，实现经济又好又快发展．2007.09.04.

的素质与技能。对贫困农民家庭子女提供免费职业教育或给予职业教育补助,突出抓好农民生产技能和转移就业技能培训,着力培育新型农民和产业后备大军。新疆劳动力转移需要充分利用国内外广阔的劳动力市场机会,转移重点由疆内为主向疆内外结合发展,让新疆农牧民在劳动力转移就业过程中,参与分享整个国家工业化、城市化的成果。

稿约

《中国经济观察》以探讨中国经济的热点难点为己任，试图为读者创建一个雅俗共赏的学术平台。目前开辟的栏目有：关注“三农”、财经观察、探索与争鸣、区域论坛等，今后根据需求及来稿情况，还会不断开辟新的栏目。

《中国经济观察》实行双向匿名评审制度。对所有来稿，不论作者头衔，不论身份地位，一视同仁，按质量用稿。一经采用，即付稿酬，对有重大创新的稿件，稿酬从优。欢迎海内外作者踊跃投稿，具体要求是：

1.论题必须贴近我国经济实践中的热点难点问题。

2.观点鲜明，持之有据，言之成理。

3.文风清新，语言平实，好读易懂。

4.字数在5000－10000字为宜。

5.投稿时请写明您的真实姓名、出生年月、通讯地址、工作单位、职务职称、邮政编码、电话号码、电子信箱，并自留底稿。2个月未收到用稿通知者可自行处理。

所刊文章只代表作者个人见解，不代表编辑部观点。

来稿请寄：

中共中央党校经济学部《中国经济观察》编辑部　刘淑琴（收）
邮　编：100091
电　话：010－62805220
E－mail：zgjjgc@sina.com